ハルのゆく道

©Naonori Kohira

村上晃一

Koichi Murakami

道友社

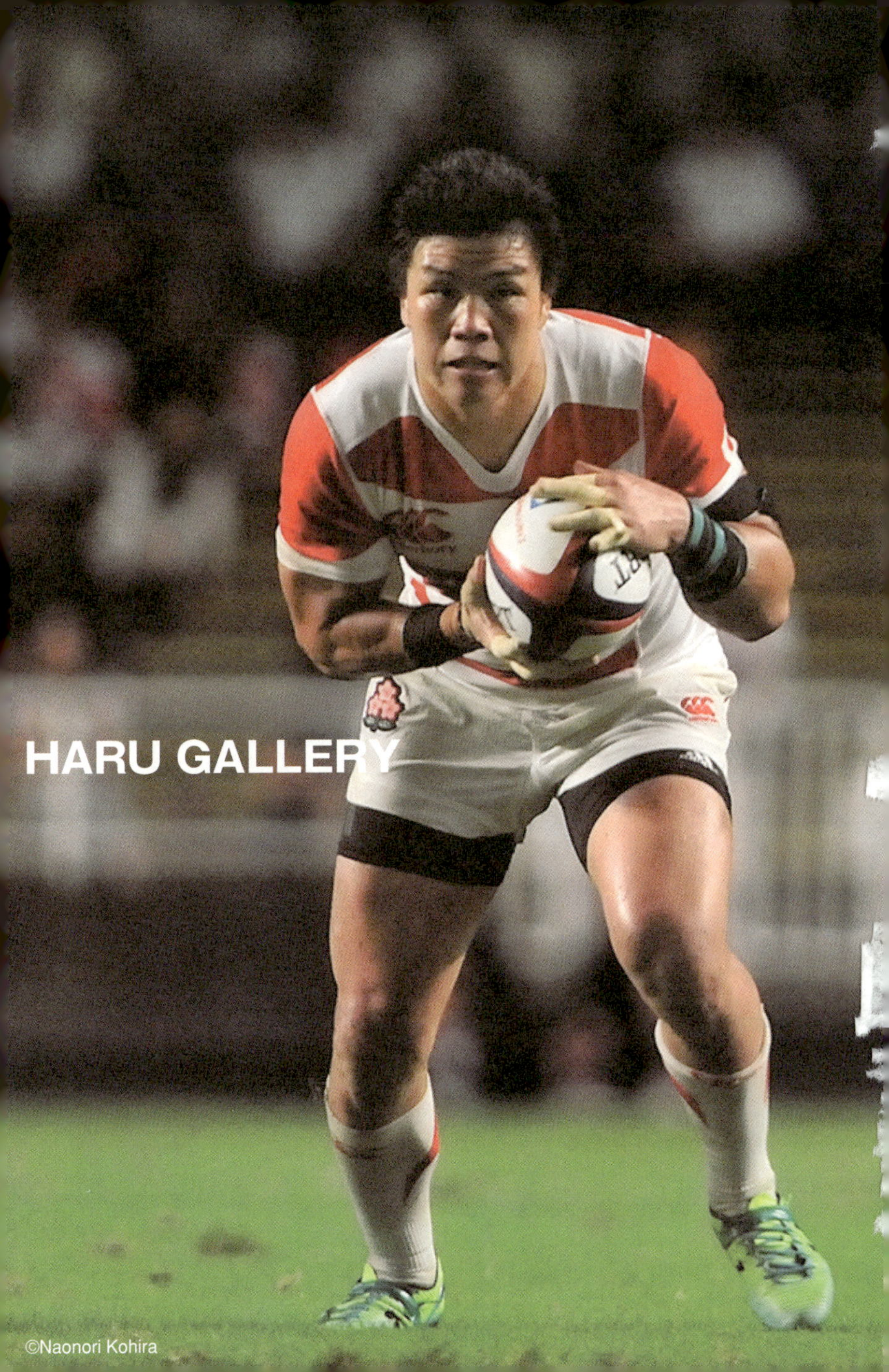
HARU GALLERY

Charlie Crowhurst ／ Getty Images

2015W杯南アフリカ戦。五郎丸歩選手の会心のトライに、拳《こぶし》を突き上げて喜ぶ

伊藤真吾／アフロスポーツ

エディー・ジョーンズ元ヘッドコーチと（上）
2015W杯スコットランド戦での「君が代」斉唱（中）
W杯のキャップとジャージー（下）

兄・誠道の誕生日を四兄弟そろって祝う（2列目左）

机に向かうときもヘッドキャップをかぶった（右上）
両親と兄・直道とともに天理高校の応援で花園へ（右中）
4歳から通った「やまのべラグビー教室」（下）

パスの基本は天理中学時代に培われた

天理高校では１年時からレギュラー。３年連続で花園に出場した

大学選手権決勝では帝京大に敗れたが、創部初の準優勝へ導く（2012年、国立競技場）

クボタスピアーズの一員として、天理市での試合後にファンサービスも

U20世界選手権のサモア戦にスタンドオフとして出場（2009年）

サンウルブズとして参戦したスーパーラグビー。ジャガーズ戦では初勝利を決定づけるトライ

ブランビーズ戦。試合中も的確に指示を出し、チームを引っ張る

「健康感謝」が座右の銘

プロローグ――歴史的快挙のなかで

２０１５年９月19日（現地時間）、この日のことを、日本のラグビー愛好者たちは生涯忘れないだろう。第８回ラグビーワールドカップ（Ｗ杯）に出場した日本代表が、優勝候補の一角であった南アフリカ代表を34－32で破った、あの日のことだ。

終了間際の逆転トライによる劇的な勝利だった。イングランド南東部のリゾート地であるブライトンの街で起きた衝撃の結末は、「ラグビーＷ杯史上最大のショック」「スポーツ史上最大の番狂わせ」と称され、世界中へ伝えられた。

後半28分、五郎丸歩《ごろうまるあゆむ》のトライで29－29の同点に追いついて以降、スタジアムはずっとざわついていた。歴史的勝利が、いままさに目の前で実現するかもしれない。そんな興奮状態が観客席を支配していた。

終了間際、南アフリカがペナルティーを犯したとき、多くの観客は五郎丸のペナルティーゴールで引き分けになると感じたはずだ。しかし、ラグビーのルールは反則の際に複数の選択肢がある。日本代表のリーチ マイケルキャプテンが選んだのは、そのペナルティーからスクラムを組むことだった。

観客の興奮は頂点に達した。優勝候補の一角である南アフリカ代表に、「引き分けなどいらない」と言わんばかりに、日本代表が勝とうとしている。

そして日本代表は、アグレッシブに攻めた。ボールを大切に抱えながら、何度も何度も南アフリカのディフェンス網に飛び込んでいく。最後の最後、スクラムハーフの日和佐篤《ひわさあつし》から、立《たて》川理道《かわはるみち》へボールが渡った。

立川はフィールド左中間に位置していたアマナキ・レレイ・マフィの声を聞きながら、ロングパスを送った。ボールはマフィから交代出場で入ったばかりのカーン・ヘスケスにつながる。ヘスケスがインゴール（※トライが認められるエリア）の左コーナーに飛び込むと、割れんばかりの大歓声が上がった。多くの人がガッツポーズをつくり、拍手をし、日本代表の快挙を称賛した。

逆転トライに至る重要なロングパスを放った立川理道は、ＭＶＰ（最優秀選手）級の活躍だった。立ち上がりからボールを持って激しく前進し、堅実なタックルで相手を倒し、グラウンドを縦横無尽に駆け回った。ノックオン（※ボールを前に落とす反則）も、パスミスも、判断ミスも一度もなかった。多くのラグビーファンが、その献身的で正確なプレーに心躍らせた。

しかし、立川の身に異変が生じていたことに気づいた人は、あの日の時点では皆無だっただろう。活力あふれるプレーを続けていた立川理道には、ある危険が迫っていた。

２０１５年7月、W杯を2カ月後に控えた日本代表は、「ワールドラグビーパシフィックネーションズカップ」（ＰＮＣ）に参加するため北米遠征へ旅立った。ＰＮＣは環太平洋の国々（カナダ、アメリカ、フィジー、トンガ、サモア、日本）による選手権である。W杯に向けてハードなトレーニングを続けてきた日本代表にとっては大切な前哨戦《ぜんしょうせん》だった。

初戦となったカナダ代表戦（7月18日、アメリカ・サンノゼ）は20－6という快勝。厳しいトレーニングで疲労困憊《こんぱい》のなか、着実に力をつけてきたことを証明する試合だった。

この試合の前半開始早々、立川理道は突進してきたカナダの選手を止めようと、味方選手と同時にタックルに入った。3人が交錯した瞬間、誰かの指が立川の右目の内側にめり込むように入った。激痛が走った。出血もあり、一時的な交代で止血作業を行うことになった。しばらく経《た》っても痛みで目を開けることができない。プレー続行は不可能だった。

そのまま退場。立川が抜けた穴には、２０１２年と１３年に日本代表のキャプテンを務めた廣瀬俊朗《ひろせとしあき》が入り、見事にチームを操った。控えに居ながらも、常に周到に準備する廣瀬ならではの活躍だった。このときの安定感あるプレーが、W杯最終メンバーに残る要因だったともいわれている。

日本代表にはチーム付きのドクターはいたが、眼科医ではなかった。詳しい診断はできない。

数日様子を見ていると、痛みが引いてきた。立川は8月上旬まで続いた遠征で、普段通りのトレーニングと試合をこなすことになる。

「W杯の最終メンバーのセレクションの意味合いもある遠征でした。僕は当確ではないと感じていたし、試合に出続けないと選ばれないと思っていました。少し痛みはあったのですが、目の表面が傷ついたのだから痛むのは当然だし、次のアメリカ代表戦にも出場しました」

その後の活躍を見れば、立川自身がW杯メンバー選考で「当確ではない」と思っていたこと自体不思議なのだが、当人は危機感を持っていた。

「6月の宮崎合宿でのミーティングでも、エディー・ジョーンズヘッドコーチは『最終メンバー31人に決まっている選手は誰もいない』と話していました。僕自身も、2014年にあまりいいパフォーマンスができていなかった。選考されるかどうか不安でいっぱいでした。だから、2015年は試合に出続けないとW杯には行けないと思っていたし、少々の怪我《けが》で休むことはできませんでした」

カナダ、アメリカ、フィジー、トンガとの試合を終えて、8月初旬に帰国。そのころになると、立川の右目には黒い斑点が見えるようになっていた。「飛蚊症《ひぶんしょう》」と呼ばれる症状だ。その症状を、日本代表に帯同するトレーナーに打ち明けると、「眼科でチェックしたほうがいい」と言われた。しかし当時の立川には、その時間すら惜しかった。試合までわずかしかないトレーニング時間を失いたくなかったのである。

8月15日に世界選抜、22日と29日にウルグアイ代表の来日試合が予定されていた。W杯最終メンバー決定は、ウルグアイ戦終了後と噂《うわさ》されていた。ここでチームを離れるわけにはいかなかった。

なんとか最終メンバー入りし、英国へ旅立った立川理道は、9月5日、ヨーロッパの強豪の一角であるジョージア（旧グルジア）代表とのウォームアップマッチ（※本大会前の試合をこう呼ぶ）に出場した。立川本人にとって不満の残るパフォーマンスではあったが、チームの課題だったスクラムは改善され、手応えをつかんでのイングランド入りとなった。

W杯の大会システムは、参加20チームを4組（プール）に分けた1次リーグを行い、各組の上位2チームが決勝トーナメントへ進むというもの。日本代表はプールBで、南アフリカ、スコットランド、サモア、アメリカの順で対戦することになっていた。

初戦の南アフリカ代表戦に向けての最終準備が始まった。立川の右目の状態は徐々に悪化していた。カーテンが閉まるように、外側から少しずつ視野が狭くなっていた。

それでもプレーはできた。見えにくいながらも、南アフリカ戦では歴史的勝利に貢献し、次のスコットランド戦にも出場、3戦目のサモア戦でも先発メンバー入りを果たす。

ボールを持てば確実に前進し、豊富な運動量で動き回る立川は、もはやチームに欠かせない存在になっていた。

10月3日、ミルトン・キーンズで行われたサモア戦での立川も、いつも通り、チームに勢いを与えるプレーを続けたが、試合中にサモアの選手の膝《ひざ》が頭部に直撃し、試合後、脳震盪《のうしんとう》のチェックを受けることになった。その後の一週間は、試合に戻れるかどうか様子を見ることになる。

「その間、どんどん黒い部分が増えてきて、これは完全におかしいと思い始めました」

脳震盪の症状については問題なく、アメリカ戦も出場することになるのだが、この試合では、右目の半分は見えていなかった。だが、立川は80分間フル出場。スコットランド戦の後半32分に交代した以外は、1次リーグ4試合すべてでグラウンドに立ち続けた。

結局、日本代表は1次リーグで3勝1敗という好成績を収めながら、勝ち点差でスコットランド代表に及ばず、目標である決勝トーナメント進出を成し遂げることはできなかった。

それでも、南アフリカ戦勝利は日本国内でも大きな話題となり、多くの国民の関心を呼んだ。10月13日（火）の帰国会見には多数の報道陣が詰めかけ、テレビのワイドショーで生中継されるなど、空前のラグビーブームが巻き起こっていた。

立川理道も当然、取材や記念式典などで引っ張りだこになった。日本代表の高澤祐治《たかざわゆうじ》ドクターからは、帰国後すぐの受診を勧められていたが、生まれ育った奈良県天理市では、その週末にセレモニーが予定されていた。故郷で取材などを受け、休養したのちの10月19日（月）、立川は東京の順天堂大学病院の眼科を受診する。

２０１３年12月に入籍した妻の絢子《あやこ》には、「ほな、行ってくるわ！」と軽く言ったほど、リラックスしての受診だった。

しかし、医師の言葉は重かった。

「網膜剝離《はくり》ですね。すぐに手術が必要です」

実は、高澤医師も、所属するクボタスピアーズのチームドクターやトレーナーも、その症状から網膜剝離を疑い、名医として知られる眼科医にすぐに手術ができる受け入れ態勢を整えてもらうよう依頼していた。ラグビー経験のある医師の説明は、さらに衝撃的だった。

「網膜が三分の二くらい破れています。あと一週間遅かったら失明したかもしれません。すぐに手術をしましょう。失明してしまったら視力は戻りません。現役復帰もできませんよ」

不幸中の幸いとは、このことかもしれない。もし、日本代表の悲願である決勝トーナメント進出が成し遂げられていたら、立川理道は失明し、選手生命を絶たれていたかもしれなかった。

「ウソでしょ？」

軽い気持ちで受診した立川は、信じられない気持ちだった。緊急手術は翌朝、行われることになった。

絢子夫人は、天理大学ラグビー部の先輩マネージャーだった。ラグビーの怪我に関しては理解がある。立川が電話で診断結果を伝えると、最初は驚いた様子であったが、「手術をしてもらえるのなら、すぐにしてもらって」と落ち着きを取り戻した。

翌朝、網膜剝離の手術について医師から説明があった。絢子夫人、クボタスピアーズの石川《いしかわ》充《みつる》ゼネラルマネージャーも同席していた。

手術の方法は二つあった。一つは眼球にメスを入れ、直接破れた部分を縫《ぬ》う方法、これは目が弱くなってしまうので現役復帰は難しい。もう一つは、メスを入れずに、眼球に圧をかけて変形させ、ガスを入れて、その浮力を利用して網膜を貼《は》りつけていく方法だ。こちらは、再び破れる可能性もあるが、現役復帰にはそれしかない。ただし、どちらを選択するかは、実際に手術が始まってみないと分からない。

「覚悟を決めてください」

厳しい医師の言葉に、絢子は何度も溜《た》め息をもらした。2014年12月には長女・凜《りん》も生まれていた。

立川は、「先生を信じるしかない」と思いつつも、「これで引退かもしれないのか……」と、少し不安な気持ちになった。頭のなかをいろいろな思いが駆け巡った。

「ラグビーができなくなったら、家族を養うために、とにかく働くしかないな」

初めてラグビーができない生活を考えた。

両親、兄弟でやりとりするメールに、立川はこんなメッセージを送った。

「明日、順天堂大学病院で、網膜剝離の手術をすることになりました。でも、このことは誰にも言わないでください」

手術には天理に住む両親も駆けつけた。

一歳上の兄・直道《なおみち》は、クボタスピアーズのキャプテンを務めていた。理道のW杯での活躍に刺激を受け、トップリーグのプレシーズンマッチで活躍していたが、理道の網膜剝離の診断が下った直後に、足首を痛めて松葉杖《づえ》生活を余儀なくされた。父から連絡はあったが、立ち会うことはできなかった。

「最初はキャプテンとして、理道がシーズン開幕に間に合うかどうかが気になっていたのですが、それどころではなく、失明するかどうかだと聞かされて、すごく心配でした」

幸い、手術は完璧に成功した。少し視力は落ちたものの、ラグビーのプレーに支障のない範囲だ。その視力も、次第に元へ戻ってくるという。

理道の両親はこういうとき、決して残念そうな表情を出さない。

「いい先生を紹介してもらえて良かったね」「すぐに手術してもらえて良かったな」

そんな前向きな言葉をかけてくれるのも、理道にとっては救いだった。

この深刻な事実は、すぐには公にされなかった。病室は個室。名前も掲げず、本当のことを知っているのは、ごく内輪の関係者だけに限られた。

その後、公表されるのだが、立川はこの窮地を明るく語った。人を暗い気持ちにさせたくなかったのだ。それこそが、彼が多くの人から愛される理由なのだろう。

W杯後に開催された日本最高峰のリーグ「ジャパンラグビートップリーグ」でも、最初の2試合を欠場したのみで、志願して復帰。2016年2月からは、世界最高峰のプロリーグといわれる「スーパーラグビー」に日本から初参戦したサンウルブズのメンバーとして、世界の一流選手に負けない力強いプレーを披露した。

6月の日本代表戦では、堀江翔太《ほりえしょうた》キャプテンを補佐するバイスキャプテンとして、チームの軸になった立川理道は、日本ラグビーの頼もしいリーダーとなった。

いかにして彼は、ここまでの成長を遂げたのか。その足跡を追った。

※ポジション名と得点区分は巻末222ページを参照

ハルのゆく道　目次

第1章 少年時代

理道、誕生

立川理道は、1989年12月2日、奈良県天理市で4人兄弟の末っ子として生まれた。一家は当時、市内にある天理教教会本部の勤務者住宅（団地）に住んでいた。

その団地は、子供だけで200人ほどが暮らす賑《にぎ》やかなところだった。家族同士は、みな顔見知り。団地が四方を囲むスペースには、通称「にこにこ公園」があった。わずかな遊具があり、タッチフット（※タックルなしのラグビーゲーム）ができるほどの狭い公園である。「ボール遊び禁止」の看板はあったが、そんなことはお構いなしに、子供たちはのびのびと遊んだ。小さな子供がいて危険なとき以外は、大人たちも黙認し、見守る。子供たちはそれぞれの家を行き来し、大家族のような暮らしがあった。

天理はスポーツが盛んな土地柄である。ラグビー、柔道、野球、水泳、ホッケー等々、望めばあらゆるスポーツをする環境が整っている。理道の父・理《おさむ》は、息子4人全員にラグビーをさせた。

理は1955年、兵庫県北部の豊岡市で生まれた。そこで中学生まで暮らし、父・浩一《こういち》が天理教の教会長を務めていたこともあり、親元を離れて天理高校第二部に入学した。2歳上の兄は柔道部。自分も何か始めてみようと思ったが、兄とは違うものをしようと考える。

ラグビーはもともと好きだったし、天理では当時から空き地でタッチフットが盛んに行われていた。だからラグビーをしようと考えたのだが、スパイクなどの用具を買う経済的な余裕はなく、走るのが苦手だったこともあって、相撲部に入る。

「相撲は裸でもできるでしょう（笑）。当時は、戦後20数年のころです。相撲部に入ると、たくさん食べられるのではないかとも考えた。先輩にも、『相撲部はたくさん食べられるぞ』とだまされましてね。実際には、合宿所の食事はどの部も同じだったのですが」

相撲に明け暮れた高校生活の後は、天理教校専修科（専門学校）へ進み、ようやくラグビーを始めた。厳しい部活ではなく、夏合宿などもなかったが、2年間プレー。ポジションはフォワード最後尾のナンバー8《エイト》だった。器用ではなかったが、相手にぶつかっていくパワーは人一倍。相撲の経験が生きたのだ。ラグビーのプレー経験はこの2年間だけだが、ラグビーという競技をさらに好きになるには十分な時間だった。

1981年に、みどりと結婚。同時に理は、父から天理教の布教所を持つように言われる。その名も「みちのり布教所」。夫婦二人で天理教の教えに沿い、これからの〝みちのり〟を歩んでいきなさい、という意味の命名だった。

翌年に長男が生まれると、理は父に名づけ親になってほしいと依頼する。父は、教道《のりみち》という名を考えてくれた。どんなことでも人のためになるような、教えを広めていくような道を歩んでほしい、という願いが込められていた。天理教では、その信仰のことを「お道《みち》」と言う。道とは、天理教の信仰者が教えにのっとって歩むべき道をも表している。

その2年後には二男が生まれる。こちらは、誠の道と書いて「まさみち」と命名された。ここまで来たら、次に生まれてくる子にも「道」をつけようということになり、三男は素直に正直に生きる、という意味で直道。四男は、理の兄である「芳治《よしはる》」の「はる」をもらって、道を治めるということで、治道《はるみち》と命名することになった。

しかし、知人のアドバイスで漢字を変えた。のちに理道も入団する「やまのベラグビー教室」の田中善《よしのり》教コーチの夫人からのアドバイスだった。天理大学の国文学科を卒業していた夫人が、「理さんのお兄さんの『はる』をもらって『はるみち』なら、字はお父さんから『理』をもらって、理道《はるみち》にしたらどう?」と言ってくれたのだ。

「まさみちも当て字なのだし、はるみちも当て字でいいのではないですか」

こうして、いまや全国のラグビーファンが知る「立川理道」が誕生した。

「僕はずっと、天理の道を行けという意味だと思っていたのですけどね」

理道は、名づけのエピソードをいまになって知った。

「僕の一つ上の兄を直道にしたのは、そのころ、プロゴルファーの尾崎直道という人が活躍していたからだと聞かされたり、僕が生まれたころは、漫画のスラムダンクが流行《はや》っていたから、

『あんたは、ほんまは桜木花道《さくらぎはなみち》の花道やったんや』と母から言われたり（笑）」

立川四兄弟で最初にラグビーを始めたのは、長男の教道だった。団地に住む家族のなかに、家族ぐるみで仲良くしていた比見《ひみ》家があった。その家の長男である広一《ひろかず》のことを、理は息子のように可愛《かわい》がり、ラグビーを勧めた。やまのベラグビー教室の指導員をしていた田中善教とは懇意で、話は進んだ。

その後、比見広一は、天理高校、天理大学でキャプテンを務め、本田技研鈴鹿でプレーした後、天理大学ラグビー部フォワードコーチ（現在）になった。立川兄弟の憧《あこが》れの人でもある。広一がラグビーを始めると、教道も親にラグビーを勧められた。

「僕らが住んでいた集合住宅の子供は、ほとんどが、やまのベラグビー教室か、コスモという少年野球チームに入っていたんです。広一君もラグビーしているから、あんたもしない？　と親に勧められ、僕も始めることになったわけです」（教道）

そして、弟たちが続いていく。全員が4歳になると、やまのベラグビー教室に入った。

父・理は出張が多いこともあって、子育てはもっぱら妻・みどりに任せていた。遊び盛りの教道、誠道を横目に、直道の口に哺乳瓶《ほにゅうびん》を突っ込んで寝かせ、理道を背負って料理を作る。

子供たちが言うことを聞かなければ、叱りつけ、時にはゲンコツで黙らせる。女手一つで4人の男の子を育てるのは並大抵のパワーではで無理なのだ。

みどりの教育論は単純明快だ。

「人さまに迷惑をかけずに、真面目に生活してくれれば、それでいいのです」

友達や周りの大人に迷惑をかけるような行為には厳しかった。理は、息子たちの性格を次のように表現する。

「私から見ると、長男は優しいです。タックルした相手に、ごめん、大丈夫？　と謝るようなところがある。二男は気性も荒く、空手もやりました。三男は真面目です」

そして末っ子の理道は、一番の甘えん坊だった。

理道が4歳のとき、幼稚園の入園式で眠ってしまったことがある。園長先生の話の最中、理道は妙にそわそわしていた。心配になったみどりが歩み寄り、「トイレ？」と聞いた。すると、横に座ってほしいと言う。泣かれても困ると思って横に座ると、理道はみどりにもたれかかって眠ってしまった。だから、入園式の写真の理道は目をつむったまま、母に抱かれている。

担任の先生には、「泣く子はいるけど、眠った子は初めてです」と、あきれられた。いま、その担任の先生は園長になり、理道のW杯出場を、涙を流さんばかりに喜んでくれた。

「あの、ハルくんがねぇ」

やまのべラグビー教室

やまのべラグビー教室は、1971年に天理市で創立された。4歳から小学6年生までの子供たちを預かる。年会費は、当時3千円。半年間の活動期間の保険料のみだった。現在でも年会費は4千円である。指導陣は、市内在住のラグビー経験者で構成されている。

当時から現在まで監督を務める櫛引英吉《くしびきえいきち》は、北海道は十勝の出身で1934年生まれ。終戦後、天理高校に入学してラグビーと出会った。天理高校、日本大学、松戸自衛隊と進み、26歳のとき再び天理に戻ってきた。当時、低迷していた天理高校の再建を託されたのだ。

以降、天理高校、天理高校第二部、天理大学の監督を歴任した後、子供たちにラグビーの楽しさを伝えるために設立された、やまのべラグビー教室の監督に就任した。

やまのべラグビー教室のジャージーは、赤と白の縞《しま》模様だ。もちろん、日本代表をイメージしている。将来、日本代表になる日を夢見て、楽しくラグビーをするのだ。

櫛引は、天理高校時代の猛練習を振り返り、こんな話をしている。

「明るいうちは走って、日が暮れたらスクラム。天理の選手は小さかったから、走って勝つんだと言われました。最初から、小さな人間が大きな選手に勝つためのラグビーだったんです」

しかし、やまのべラグビー教室の目的は、子供たちにラグビーの楽しさを伝えることにある。

櫛引自身も、自らが体験した厳しい練習を子供たちに強要してはいけないという考えの持ち主だ。

最初に長男・教道を連れていったとき、理は櫛引監督の教え方が気に入った。子供たちの教育上、とても好ましく思えたのだ。

「いい意味で、教え方がアバウトなんです。たとえば、先生が先頭に立って、グラウンドに靴で線を引くんですよ。その後ろに、子供たちがカルガモみたいについていく。『先生！ 線がゆがんでるやん！』『いいんだ、気にするな』と、まあ、そんな感じなんです」

もう一つ、理が嬉《うれ》しかったのは、ウォーミングアップに相撲を取り入れていることだった。

「ウォーミングアップの時間に、まず子供たちに円を描かせる。何をするのかと思ったら、相撲なんですよ。相撲なら誰でもできる。これはいいなって思いましたね。保護者のなかにラグビー経験者がいて、『タックルマシーンを買いましょう』と提案すると、櫛引先生は『いりません。大きくなったらやるんだから、いまは楽しまなきゃ。子供のうちから、しんどいことをさせてどうするんや』とおっしゃる。まあ、そんな感じなので、ほかのスクールに比べて、行儀は良くなかったですけどね（笑）」

櫛引監督の方針は一貫していた。コーチの一人だった田中善教が説明する。

「指示をしないんです。当たれ、パスしろ、前へ出ろ、そういう子供の動きを決めるような声をかけるな、そう櫛引先生から言われていました」

田中善教は、子供たちにボールは両手で持つように教えようとしたが、櫛引はそれさえもやめさせた。「片手で持つことが、必ずしも悪いわけではない」と言い、子供たちに自由にプレーさせることを重視した。

天理が生んだ天才プレーヤー、八ツ橋修身《やつはしおさみ》も、やまのべラグビー教室に在籍した。理道よりも15歳上で、天理大学まで天理の環境で育ち、神戸製鋼でも活躍、日本代表キャップ12を持つ。社会人になってからは怪我《けが》に泣いたが、スピーディーな走りと切れ味鋭いステップで、「天才」の名をほしいままにした選手だ。現在は、天理大学のラグビー部コーチを務めている。

彼は、やまのべラグビー教室にいた時代、ボールを持つと後ろに下がることがあった。そうしてスペースを見つけると、持ち前のスピードでタックラーを抜き去るのだ。

「それでいいのです。殻を破り、自分の発想で自由にボールを獲《と》りに行けばいい」

櫛引がこのような考えになったのは、日本大学ラグビー部でプレーしたことが影響している。

「我々が天理高校時代に教えられたラグビーは、かつての早稲田大学のように横に展開して相手を振り回すスタイルでした。卒業後、私は日本大学へ行ったのですが、そこには、明治大学を卒業した知葉友雄《ちばともお》監督がいました。監督は『人間ラグビーをしろ』と言うのです。哲学的で、最初は何を言っているのか分かりませんでした」

知葉友雄は、明治大学ラグビー部で67年間にわたって監督を務めた北島忠治《きたじまちゅうじ》のもとで、コーチも務めた人だった。しかし知葉の教えは、前に行きたかったら前へ、後ろに行きたかったら後ろへと、型にはめないラグビーだった。その教えが、いまも櫛引のなかに脈々と息づいている。

やまのべラグビー教室の子供たちにも、考えてプレーしてもらいたい。だから、大人が先にプレーを決めてしまってはいけない。ただし、子供たちの反応は、その時々で違った。

田中は振り返る。

「自分で考えられるようになる学年と、そうでない学年とがありました。ハル（理道）たちの学年は、自分たちで考えることができましたね。ところが、考えすぎて弱くなった時期があるんです。小学4年生のころに、サインプレーばかりしたがりました。ハルの学年の特長は、めちゃくちゃ足が速いわけではなく、体が強いわけではないけれど、人が次から次へとあふれるようにサポートするところでした。どこにボールが運ばれるのか分からないようなチームだったのです。それが、決まった位置に立ってサインプレーをすると、ボールがどこに行くのかはっきり分かるので、簡単に止められてしまう。練習では綺麗《きれい》に決まっていたのに、試合ではうまくいかない。するとこちらが何も言わないのに、彼ら自身で考えてやめました」

なぜ、サインプレーをしたがったのか。小学4年生のころ、理道たちは、天理高校が出場した全国高校大会を応援するために東大阪市の花園ラグビー場へ出かけた。理道は、高校生たちのプレーに憧れた。

「天理高校だけではなく、いろんな高校生のプレーを見ていると、綺麗なサインプレーでトライをするチームが多かったんです。俺らもやろうやと、やってはみたのですが、形だけ真似《まね》をしているから、相手は全くひっかかってくれない。それで、これやったら、一人がボールを持って走って、それをみんなでサポートしたほうが抜けると感じて、やめてしまったんです」

小学生のラグビーは、「ミニラグビー」といって、年代別に試合をする人数が決まっている。3、4年生は1チーム7人。グラウンドの大きさは、縦60メートル以内、横35メートル以内、インゴールの長さは5メートル以内と定められている。

練習試合になると、理道たちは、それぞれが自由に動き回った。個性を発揮して攻めるのだ。この学年には好選手が揃《そろ》っており、奈良県内のスクールの大会でも常に優勝を争っていた。

「だから、当時のハルを語ってくださいと言われると、語りにくいんです」（田中）

彼らはチームとして機能していた。

「ハルは、体力はありましたけど、ハルより足の速い子もいたし、ハルより集中力の高い子もいました。井上大介《いのうえだいすけ》（現・クボタスピアーズ）とボールの奪い合いをしたら、ハルは全く勝てなかった」

田中はよく、子供たちの輪のなかにボールを一つ投げ入れた。ピラニアのようにボールに群がる子供たち。ラグビーのうまい子は多かったが、なぜかいつも最初に井上がボールを獲った。

「あれは、不思議でしたね。そんな感じで、皆それぞれに特長がありました。ハルはおしなべてなんでもできたけれど、強いて特長を挙げれば、粘り強さでしょうか」

理道は決してあきらめない。ボールを獲りに行くときも必死に食らいつき、相手に走られると懸命に追いかけた。そして自分がボールを持てば、倒れずに前に出るのだ。

「タックルされながらも前に出るプレーを今でもしていますが、あれは子供のころと変わっていませんね」（田中）

櫛引は、日本ラグビーに根強く残る〝寝るラグビー〟を嫌う。日本は世界と比べて体格が小さいので、相手に捕まると早めに倒れてボールを地面に置き、それを次の選手が拾って前に出るか、そこでラック（密集）をつくって、ボールを継続支配していく方法を採ることが多い。

「それではボールが一度止まってしまいます」

やまのべラグビー教室では、〝立ってするラグビー〟を教えた。

「タックルされたら、綺麗に倒れて味方にボールを出す。一般的には、この繰り返しが多いでしょう。それだけだと、ラグビーが単調になります。そういうプレーと、しっかり立ってするラグビーを混ぜてやらないと。昨年のW杯の日本代表くらい体幹を鍛えれば、寝ても立ってもプレーできますよね。そう思って、やまのべでも教えていました」

立川理道がタックルされても簡単に倒れないのは、このころの指導が影響しているのかもしれない。

「ボールはしっかり持てば獲られない。片手でも、しっかり持つ方法はあります。そこは教えておかないと」（櫛引）

一方、田中の指導は独創的だった。「ボールを持って10歩走ったら相手ボール」「片手で持って3歩走ったら相手ボール」。そんなルールで、考えながら動くことを教えた。

田中は、高校までサッカーをしており、ラグビーを始めたのは大学の同好会。しかし、フランス留学時代に現地のラグビーをたびたび観戦している。

「見ていて感じたのは、フランスは一人ひとりがボールを持って自由に走るということです。日本代表も、いまでは判断をして動いていますが、以前はそうではなかった。いろんなラグビースクールの活動を見ますが、子供たちにバックスラインを形成させることを目的に教えているようなところがある。それはあくまでも型であり、目的ではないはずです。ボールを持って前を見ることが大事です。右を見て左を見て、どうプレーすればいいのかを考える。小さいときに、そういう判断ができるプレーをしておかないと、大人になって困ると思うんです」

天理ラグビーに関わって60年以上、2016年で82歳になった櫛引は、昨年のW杯で活躍する立川理道の勇姿を嬉しい気持ちで見ていた。

「ハルは伸びた。順調に伸びた。体も大きくなった。仲間にも恵まれたのでしょうね。なぜ、あれだけ順調に育ったのか不思議なほどです。お父さんとお母さんの愛情がいっぱい詰まっているからだと思いますよ。ただし、あの子のパスは子供のころから並ではなかった。あの子くらいパスのできる選手がたくさんいたら、日本代表はもっともっと面白いラグビーができるでしょう。あの子は、まだまだ伸びると思いますよ」

井上大介との出会い

田中が絶賛した井上大介は、その後、天理中学、天理高校、天理大学、クボタスピアーズ、サンウルブズ、日本代表と、立川理道と同じ道を歩むことになる。

田中は言う。

「ハルの仲間は超一流でした。井上も体は小さかったけれど、パスさせるのがもったいないくらい、一人でなんでもできてしまう選手でした。ボールが井上を呼んでいるというのでしょうか。ハルは、その後ろでゆっくりやっていましたね」

理道と井上が初めて会ったのは、4歳のころだ。井上のほうが、やまのべに入るのが、わずかに早かった。

「ラグビー歴では1カ月くらい僕のほうが先輩です！」

少し胸を張って話す井上大介は、奈良県の大和郡山市《やまとこおりやま》で生まれ育った。

「祖父の家が天理教の教会でした。その息子が僕の父親です。母も天理教の家で育ちました」

井上は5人兄弟の3番目だった。立川兄弟と同じく、自動的に全員がやまのべラグビー教室に入ってプレーしている。井上の長兄と理道の次兄（誠道）が同級生で、井上の母は天理中学の数学の先生だったという縁もある。小学校、中学校は電車通学。天理高校では寮に入り、大学は天理市内にあった祖母の家から通った。

井上大介の記憶にあるやまのべラグビー教室は、最高に楽しい場所だった。

「最初のころはラグビーを教えてもらった記憶はありません。砂遊びをしていました。小学3年生くらいからかな、ラグビーをしている感じになってきたのは。ハルとは、ごく普通の友達でした」

井上がよく憶《おぼ》えているのは、トライをする練習である。コーチの田中善教が足でグラウンドに線を引く。田中が「走ってこいっ！」と声を出すと、一列に並んだ子供たちが、一人ずつ線に向かって走る。その直前でボールを浮かすと、それをキャッチしてトライするのだ。必ず両

やまのべラグビー教室の同学年メンバー（後列左端が櫛引氏、左から３人目が理道、最後列右から２人目が田中氏）

手でトライをするのが決まり。片手になると、やり直しだった。トライの楽しさ、大事にボールを置くイメージを刷り込むのだ。

井上は、やんちゃで、仕切り屋で、負けず嫌いだった。ラグビーでも、一人でボールを持って突っ込み、負けるとキレて泣いた。

「田中先生は、『トライをした人より、ボールを獲った人が一番えらい。攻撃のときも、どんなに下がっても、味方にボールを渡せば偉いよ』という教え方でした。だから僕、ずっとボールのところに行っていました。それは忠実に守っていましたね」

練習は、学年が上がっても、自由で楽しかった。雨が降って練習が休みになると、子供たちはみんな残念がった。天理小学校にはミニバスケットボールのクラブもあって、井上は雨が降ると、そちらに向かった。

　田中は井上を称賛するが、井上は「ハルは、ずば抜けていました。パスしたり、キックしたり。ハルは、そのころから〝ラグビーをしていた〟」と話す。

「もう一人、山下宗孝《やましたむねたか》という子がいて、この二人がエースでした。小学生のころは山下のほうが足は速かったかな。二人が揃うと、山下はスタンドオフ、ハルはフルバックでした。僕らの学年は、2チーム作ることができました。練習の最後はいつも試合だったのですが、田中先生は力をうまく均等に分けるんです。いつも接戦になりました」

　奈良県のラグビースクール大会へは、やまのべA、やまのべBの2チームで出場した。それも実力を均等に分けて出るので、両チームが決勝へ進出することもあった。

　やまのべのほかには、前栽《せんざい》、やまと、生駒《いこま》、広陵《こうりょう》といったラグビースクールが奈良県内に存在していた。ほかのスクールに比べて、やまのべの指導はゆったりとしていた。シーズン制を採っており、活動は9月から5月まで。夏は水泳やバスケットボール、陸上競技など、それぞれが好きなスポーツをすることを推奨した。1回の練習も2時間程度。午前中で終わって、家に帰るように言っても、理道の学年は「もう少しやらせて」と帰ろうとしなかった。

　やまのべの練習が雨で中止になると、子供たちはよく立川家に集まって遊んだ。そして、理道の父である理が撮影したラグビーのビデオを熱心に見る。理は、子供たちがラグビーを語るレベルの高さに感心したという。

理道の長兄の教道は、天理高校を卒業すると、やまのべラグビー教室の指導を手伝った。そのときの印象を、こう話している。

「弟たちの学年は担当しなかったのですが、横から見ていると、三男の直道のほうが学年のなかで目立っていましたね。直道がボールを持つとトライ、という感じで。理道の学年は、井上大介、島直良《しまなおよし》（現・近鉄ライナーズ）などうまい子がいたので、理道はそれほど目立ちませんでした。ただ、僕ら（上の三兄弟）とは違うセンスを持っているなとは思っていました」

理道の学年からは、理道も含めて3人のトップリーガーが誕生している。同じラグビースクールの同学年から3人がトップ選手になるというのは極めて珍しい。

井上大介と理道は共に天理小学校へ通ったが、同じクラスになったのは小学5、6年生のみだ。6年生のとき、授業中にはしゃぎ過ぎて、二人とも正座させられたのは、ほろ苦い思い出である。

目立つことが好きな井上に比べると、理道は人前に出るのは苦手で、かくし芸大会のようなときも、後ろで笑って見ていることが多かった。

勉強は得意ではなかった。かといって、運動神経が抜群に良かったわけでもない。

「自分ではできていると思っていたんですよ。サッカーも自分ではうまいと思っていたのですが、周りから見たら下手《へた》だったみたいです。体育の成績は良かったのですが、逆立ちやバック転などは全くできなかった。鉄棒の逆上がりもできない。ソフトボールも打てないし、投げたら暴投。だんだん、俺って運動神経悪いんやって思い始めましたね。自慢できるのは水泳くらいです。小学4年生から6年生までは、学校の水泳クラブに入っていました。個人メドレーもできますよ」

数あるスポーツのなかで、理道が一番上手にできたもの。それが、ラグビーだった。

新幹線事件

立川四兄弟は、ラグビーばかりしていたわけではない。

天理市のわんぱく相撲には、兄弟全員が1年生から6年生まで出場した。小学6年生の誠道と1年生の理道が、同時優勝したこともある。

「ハルは勝ちたい気持ちを前面に出すタイプではなかったので、負けても飄々《ひょうひょう》としていました。悔しがるのは、ラグビーで負けたときだけです」（誠道）

立川家には、いまも語り継がれる「新幹線事件」というのがある。小学6年生の誠道が地域のわんぱく相撲で優勝したとき、家族全員で東京の全国大会へ出かけた（※全国大会は小学4

年生以上)。応援を終え、東京土産《みやげ》を買い、全員で帰ってきた。

東京から天理へ帰るためには、京都駅で近鉄電車に乗り換えるのが便利だ。京都駅に着き、荷物とお土産を持って「のぞみ」を降りると、理道がいない。発車のベルが鳴り、あっと言う間にドアが閉まる。

誠道があわてて動き出した列車を追いかけた。

「中におった！　キョロキョロしてる！」

理道は一人、新大阪へ行ってしまったのだ。

どうやら兄だと思ってついていった背中が、隣の車両に移っただけの他人だったようだ。泣きべそをかく理道に、近くにいた婦人が声をかけてくれた。理道の帽子には、名前、住所、連絡先などが書かれていた。迷子になったときのためだ。理道は泣きながら、それを婦人に見せた。

京都駅ホームの駅員に事情を説明すると、車掌と連絡を取り、確保してくれたという。母親のみどりが新大阪へ迎えに行った。泣いているかと思っていた理道は、なんと笑っていた。

「運転席に乗せてもらった！　楽しかった！」

小学1年生ならではのエピソードは、立川家では笑い話として語り継がれている。

両親は息子たちにラグビーをやらせたが、それだけに固執したわけではない。いろいろなスポーツをやらせて、「あなたは、どれがいいの？」と聞いた。

二男は自ら空手を習いたいと言った。父が「どうして空手なんだ？　ケンカが強くなりたいのか？」と問いかけると、「ケンカを止められなかったのが悔しかったから」と答えた。のちにラグビーのレフリーとして活躍することになる、正義感の強い誠道らしい答えだった。直道に空手を見せると、「僕は、いい」と断り、理道は「やってみたい」と言った。

みどりは、理道が空手をやってみたいと言ったのが嬉しかった。

「やんちゃな子だったので、空手をさせたらいいのではと思っていたのですが、やらせてみたら、全く ダメでした。逃げるだけで、相手に打ち込めないいんです」

兄弟も口を揃えて「あれは、ひどかった」と話す。クネクネしながら相手の攻めをかわすばかりなのだ。

「いまから思えば、かわすのはうまかったんですけどね（笑）」（誠道）

「体も大きかったし、自分では何でもできると思っていました。ところが、空手はめちゃくちゃ弱かった。二男が空手をする姿を見て、かっこいいと思って始めたのですが、僕は〝猫パンチ〟みたいになってしまって（笑）」（理道）

スポーツだけでなく、兄弟はいくつかの習い事をした。三男までは全員、書道教室にも通っている。しかし理道だけは、書道を習わなかった。なぜなら、書道の先生に断られたからだ。みどりは嘆く。

「先生に『この子は無理です、連れて帰ってください』と言われたんですよ。それくらい、じっとしていられない子供でした」

三男の直道は、勉強も真面目に取り組み、理道とは好対照。忘れ物などもしなかった。理道は、すぐに忘れ物をする。ところが、そのことに全く動じないのだ。

「隣の人に見せてもらったから、困らないよ」と、どこ吹く風。

一度、こんなことがあった。給食の箸《はし》を理道が忘れて登校した。みどりは、いつもなら長男の教道に自転車で追いかけさせるのだが、この際、先生に叱られたほうがいいと考え、何もせずに帰宅を待った。帰ってきた理道に、「お箸が無くて困ったでしょう?」と尋ねると、こんな答えが返ってきた。

「え?　お箸?　きょうは焼き鳥やってん。先に焼き鳥を食べて、その串でご飯を食べたから、全然大丈夫やった」

我らラグビー兄弟

理道が小学2年生になると、父の理が天理教校の寮長を住み込みで務めることになり、家族全員で寮へ引っ越した。

　理道がはっきり記憶しているのは、寮内でよく遊んだことだ。寮の2階に立川家の住居があり、畳の部屋が二間あった。その部屋と縦長の廊下が四兄弟の遊び場だった。

　ラグビーはもちろん、風船でのバレーボール、相撲、サッカーのPK、野球、なんでもやった。遊びの企画を考えるのは、長男の教道だ。二男の誠道は思い出す。

「兄の偉いところは、兄が勝とうとしないことです。弟たちが気持ちよく遊べるレベルに抑えて、ルールを作ってくれました」

　教道から末っ子の理道までは7学年離れている。だから教道は、いかに弟たちを気持ちよく遊ばせるかを考えた。

　2対2のラグビーは、兄二人が別々のチームに分かれ、弟二人がそれぞれに入る。部屋の壁まで進めば、教道が「10メートルライン突破！」、また壁にぶつかれば、「22メートルラインを突破！」と実況してくれる。兄二人がトライをするときは、スローモーションになる。弟たちは、「あか〜ん！」と言ってタックルする。そのまま倒れてトライだ。

「それがめちゃくちゃ楽しかったんです」（誠道）

　父は相撲好きだったので、ときどき相撲の雑誌を買ってくる。そのなかで、お気に入りの力士のしこ名をそれぞれが名乗り、教道が番付表を作って相撲もした。それも千秋楽まで、みん

立川家のラグビー四兄弟（前列左から理道、直道、後列左から誠道、教道）

なの勝ち星が同じくらいになるように工夫した。

「ケンカはしたことがないですね」（教道）

理道も兄たちのことが大好きだった。同世代の子供たちとも遊ぶが、兄が遊びに行くときもついていった。

「あの、ハナタレのハルが、こんなに立派になったか」と、教道の友人たちは言う。

兄弟は、「ノリさん」「マッチ」「ナオ」「ハル」と呼び合い、なんでも話せる間柄として仲良く成長していった。

理道が、小学4年生のときに書いた作文が残っている。

【ぼくの家はラグビー兄弟　　立川理道】

ぼくの家では、みんな幼稚園くらいになる

と、やまのベラグビー教室に入ります。ぼくの着ているラグビージャージーや、ヘッドキャップはお兄ちゃんからのおさがりです。4人目のぼくは、あまりきれいではありませんが、それなりにかっこいいと思っています。

日曜日の練習はいつも楽しみです。教えてくれる先生は、おもしろくてやさしいです。中でも一番田中先生が好きです。でも試合になると、大きな声でみんなの名前をさけびます。怒るとこわいけど、注意されると悪いところがすぐにわかります。

兄弟の中で一番上手なのはぼくに決まっています。試合の時のトライ数が多いからです。ぼくの4年生チームのメンバーはみんなやる気まんまんで、気合が入っています。

足が速い人が多いし、タックルをこわがりません。負けないわけは、ほとんどの人のお兄さんがラグビーをしているから、みんななれているからです。

トライをすると、一回百円をもらえるのでぼくはがんばります。本当は、これは秘密です。ラグビーカーニバルに浅尾先生が見に来てくれてうれしかったです。試合中にうるさいのは、ぼくのお母さんと、井上君のおばちゃんの声ではずかしいです。でも、お母さんはやめないと思います。

この夏休みの合宿中に一番上のお兄ちゃんが足をケガして帰ってきました。今も松葉づえで痛いそうです。ぼくはラグビーが好きだけど、ケガはしたくないです。中学、高校と花園目指して頑張ります。お兄ちゃんよりかつやくしたいです。

ストラックアウト

寮には柔道場のような広い集会所もある。子供たちにとって格好の遊び場だった。

「友達がたくさんやってくると、かくれんぼをするんですよ。どこに隠れていたのか、ほこりまみれになって出てくることもありましたね」(理)

小学4年生のころだったたか、理道の友達が集会所に集まり、何やら大はしゃぎで遊んでいた。集会所の側面は障子になっている。なんと、そこで子供たちは、濡《ぬ》れぞうきんで、野球のストラックアウトよろしく障子を次々に破っていたのだ。命中するたびに歓声が上がる。

子供たちが帰り、理があとの様子を見に行くと、障子がすべて破れていた。

理は、理道に「みんなを呼んできなさい」と命じる。泣きながら、みんなに電話をかける理道。翌日、子供たちがやって来た。

理が叱る前に、先手を打って謝ったのは井上大介だ。

「みんな並べ。きのう、障子を破ったのは僕たちです。申し訳ありませんでした」

みどりは井上の要領の良さに感心した。理は、すぐに子供たちに障子の張り替えを命じた。叱りつけるのではなく、この機会に障子の張り方を教えようと考えたのだ。みんな一生懸命に作業したが、その場から抜け出し、真っ先に遊びに行ったのは井上だった。
「ほんとに要領がいいんです。可愛《かわい》いものですよ。それだけ手をかけた子供たちだから、いまも可愛いし、応援しますね」（みどり）
両親の教育は厳しかった。門限は5時。ルールを守らないと家の外に出された。
「特に母ですね。勉強をしなさい、という厳しさではなく、ルールを守らないことに厳しかったです」（教道）
「こんなルールも守れないでラグビーができるのか、人に迷惑をかけるような人間にラグビーができるのか、と叱られましたね」（誠道）
天理高校が甲子園で優勝すると、子供の間で野球ブームが起こり、教道も野球をしたくなったときがあった。小学4年生のころだ。父に言うと、「一緒にラグビーをしようと誘った仲間を裏切るのか」と言われた。自宅に祀《まつ》られている神棚の前で正座して考えた末、教道はラグビーを続けた。
誠道も同じ道をたどる。小学3年生になると、野球チームから部員募集のチラシが配られてくる。同じように「友達のことを考えろ」と言われ、誠道もラグビーを続けた。
直道にも野球に転向したい時期はあったのだが、理道だけは一度もそういうことはなく、ラグビー道を真っしぐらに進んだ。

天理中学

やまのべラグビー教室の子供たちは、ほとんどが天理中学へ進学した。そして、当たり前のようにラグビー部に入った。

立川理道、井上大介、山下宗孝、関口卓雄《せきぐちたくお》、佐坂智司《ささかさとし》、木下悟郎《ごろう》、渡部文泰《わたべふみひろ》（天理高校第二部のラグビー部に所属）、鈴木心喜《しんき》（高校は天理教校学園）は、大学でも一緒になった。このうち、大学選手権決勝の舞台に立ったのは、立川、井上、鈴木、関口、渡部の5人だ。

体の小さな井上は、中学ではスクラムハーフになり、スタンドオフ山下、センター立川、関口と並んだ。それでも、1年生では誰もレギュラーになれなかった。それほど同中学のレベルは高かった。

私立天理中学は、明治41年（1908年）4月1日に開校した旧制天理中学校を起源に持つ。天理中学のラグビー部のジャージーは、白黒の縞模様。大学の正式ジャージーの黒、高校の白が共に配色されている。

理道たちが入学したころの監督は、1986年4月から2007年まで監督を務めた関口満雄《みつお》だった。関口は天理高校時代、全国高校大会の第50回大会で準優勝、第51回大会で優勝したロックだった。理道と同じ学年の関口卓雄は、その二男だ。

当時の関口監督は、世界最先端の練習を取り入れていた。1987年秋、第1回ラグビーワールドカップで優勝したニュージーランド代表オールブラックスが来日したとき、練習を見に行き、それを真似た。

オールブラックスの練習で日本のラグビー関係者を驚かせたのは、「グリッド」と呼ばれる狭い四角形のスペースで動き回る練習だった。四隅からボールを持った選手が同時にスタートし、真ん中でぶつかりそうになるのをかわしながら走り抜ける。そして次の選手にパスを渡しては、これを凄《すさ》まじいスピードで連続する。曲芸でも見ているような練習だ。

天理中学が試合のウォーミングアップにこれを取り入れると、他チームの監督は「なんだ、あれは？」と物珍しげに眺めていたという。

生徒には海外の映像もよく見せた。とても楽しそうに見ていたという。練習は長くても2時間程度。試合中に起こるシチュエーションを想定して、ユニット練習もした。

「理道の学年には、ラグビー選手の宝がいっぱいいいました」

関口は、あのころを懐かしそうに振り返る。ところが、理道への印象は薄い。

「特別素晴らしいとは言えません。僕から見たら〝普通の子〟でした」

世界最先端の指導書などを研究しつつも、関口は基礎的な技術を高める練習を徹底した。

「短いパス、長いパス、ダウンボール（※倒された選手がボールを離し味方につなぐ行為）、これは徹底的に教え込みました。理道の今のダウンボールは、中学のころのままですよ。自ら持ち込んだボールは必ず味方に出すでしょう。それから、左右のパスと左右のキックは、しっかり練習しておかないと、将来、日本代表になったときに困るで、と話していましたね。将来は長いパスも必要だと思って、スクリューパスも教えました。OBからは、中学生にスクリューパスなんて教えたらあかん、と言われましたが、長いパスもどんどん放らせました」

天理高校の田中克己《かつみ》監督と連携しながら練習メニューを組み立て、味方からのパスに対してスピードをつけて走り込んでキャッチし、倒れた選手がすぐに起き上がって次のプレーに備える。現代ラグビーに通じる基礎練習も行った。

井上大介は、その効果を大学になって感じたという。

「中学のときは、めちゃくちゃきついのですが、大学あたりで気がつきます。天理中学出身の選手は、リアクションの意識が他の選手と全く違うことに。フラット（真横への）パスに走り込んでキャッチできない選手も多い。中学で反復練習したからこそできたのだと思います」

理道は、中学2年生からレギュラーになり、センターのポジションで活躍した。天理高校でコーチを務めていた松隈孝照《まつくまたかてる》は、関口の教え子に当たるが、「関口先生、理道は、高校ではスタンドオフをやらせます」と言ってきたことがある。関口は「理道は〝行きたがり屋〟だから、スタンドオフはどうかなあ」と答えた。行きたがり屋とは、自分からディフェンスに向かって

天理中学校の卒業式後、チームメイトらと
（前列左は井上、中列右から２人目が理道）

飛び込んでいく選手のことだ。スタンドオフは、フォワードがボールを獲得し、スクラムハーフからバックスへのパスを最初に受ける司令塔のポジションだ。スタンドオフが突進を繰り返せば、センター、ウイングといったバックスにはボールは回らない。関口は、理道はセンターが向いていると考えていた。

「理道は不器用でした。当時の理道は、自分から前に出て激しくコンタクトして『俺がどうにかする』というタイプでした。よく成長しましたね。ラグビーが大好きだからでしょう。彼はプレーが真面目。どんなときも手を抜かない。だから、大きな怪我も少ないのだと思います」

学校生活でも、理道は特別に目立つ存在ではなかったが、井上らとふざけすぎて叱られることはよくあった。

「いたずらは、しょっちゅうですよ。部員が先生に叱られると、僕は罰として練習させなかった。あいつらは、とにかく練習したい。練習できないことが一番つらい。みんなラグビーが大好きでしたから。あのときのメンバーが天理大学まで進んで、帝京大学と死闘を繰り広げ、大学選手権で準優勝することになった。これは嬉しかったですよ」

天理高校

２００５年４月、立川理道は兄３人と同じ天理高校へ進学した。伝統ある純白のジャージーを着るのは、子供のころからの夢だった。

「小学４年生のとき、長男の教道が花園ラグビー場でトライするのを間近に見て、高校で花園に出るのが夢になりました。ラグビーってこんなにも格好いいのかと、衝撃を受けたんです」

それからは、海外のラグビーの映像も見始め、大学、社会人の試合も熱心に見るようになっていく。だから天理高校に入るのは、理道にとって夢への階段を上る大切な一歩だった。

監督を務めていたのは、理道が入学する２年前に就任した武田《たけだ》裕之《ひろゆき》。現役時代のポジションは、フランカーとナンバー８。大阪出身で天理高校から天理大学へ進み、ＮＴＴ関西のラグビーチームでプレーした。天理高校時代、全国大会に２度出場した経験がある。

「理道は、いままで見てきたなかで一番ラグビーが好きな生徒でした。おそらく３年間、ラグビーを嫌だと感じたことがないと思います。寮でもいつもラグビーのビデオを見ていました。

練習が休みの日は、みんなラグビーから解放されたくなるものですが、一人でビデオを見ているときもありましたね」

コーチングスタッフの一人であり、のちに監督となる松隈孝照は、ラグビー部の寮長も務めていた。

「理道のことは中学のころから知っていました。でも、格別にうまいという印象はなかったですね」

松隈は、1学年上の兄・直道が入学したころコーチになった。兄弟の違いを、「直道は実直でしっかり者、理道は〝甘えた〟の末っ子タイプ」と端的に表現する。

直道は同学年からも一目置かれるリーダーシップがあり、寮生活を規律正しいものに変えた。練習についていても上級生に堂々と意見する。理不尽な上下関係を排し、自主的に部を運営する雰囲気をつくっていった。人に意見するからには、自分もしっかり規律を守って生活していく、根っからのキャプテンタイプだ。

「ハルは、ほんわかとした雰囲気でチームメイトと仲良くするタイプでした。でも、兄のことを尊敬していて、そういう熱い人と一緒にやりたいと思っていたようです」

中学3年生のころの理道は、よく高校の練習に顔を出していた。

「天理高校の練習は厳しいですから、普通の中学生は、入学までに自分の時間を楽しみ、意を決して入ってきます。でもハルは、高校生と一緒に、しんどい練習を楽しそうにやっていました。この子は純粋にラグビーが好きなんやろうなって思いましたね」

松隈は、高校時代の理道が、身を挺《てい》してチームメイトを生かすプレーを選択する姿に感銘を受けた。

「おそらくハルは、自分のプレーの良し悪《あ》しだけに興味があったと思います。普通は、1年生でレギュラーになるとプレッシャーを感じるものです。しかしハルは、自分のやりたいプレーができているかどうか、それが良かったのか悪かったのか、そんなことが気になるタイプなんです。接触プレーも怖がらない。たとえば、相手タックラーにぎりぎりまで接近してパスをすると、直後にぶつかられますよね。それが怖いので、普通はなかなか接近できないのですが、ハルは、そのパスの行き先が気になる。タックルされながら、ずっと次の展開を目で追っている。高校1年生でそんなことができる選手は、ハル以外に、後にも先にも見たことがありません」

現在、奈良県の高校ラグビーは、御所《ごせ》実業と天理の2強時代で、互いに切磋琢磨《せっさたくま》している。当時はまだ天理のほうが勝率は高く、理道も3年連続で全国大会に出場した。

高校1年生のときの『ラグビーマガジン』2月号別冊付録「第85回全国高校大会完全ガイド」の天理高校のページには、10番で立川理道の名がある。身長179センチ、体重78キロ。ラグビーを始めたきっかけは「兄の影響」、プレーの特徴は「こんにゃくステップ」とある。

奈良県予選決勝は、27－10で御所工業（当時）を破り、全国大会では、1回戦で東京の成蹊《せいけい》高校と引き分け、抽選で2回戦に進出。秋田工業に5－12で敗れた。この対決は、出場61回目の秋田工業と、58回目の天理という伝統校対決として注目を集めた。秋田工業のキャプテンは、日本代表でチームメイトになる選手だった。安藤泰洋《たいよう》（現・トヨタ自動車ヴェルブリッツ）。のちに、スーパーラグビーのサンウルブズ、日本代表でチームメイトになる選手だった。

2年生の奈良県予選決勝は、10－5で御所工業に勝ち、全国大会では、1回戦で盛岡工業に19－5と勝利。2回戦では、この大会で準優勝する東福岡に10－62と大敗を喫した。

2年生までのポジションはスタンドオフだったが、3年生ではキャプテンになってセンターでプレーすることが多くなる。体重も88キロに増えた。この年の奈良県決勝は、19－8で御所工業・御所実業に勝ち、全国大会に出場するが、過去2年と違って、シード校として1回戦を免除されるほどの実力チームになっていた。

その前評判通り、2回戦で札幌山の手を56－0で下すと、3回戦で國學院久我山《こくがくいんくがやま》を25－0で破り、準々決勝に進出、長崎北陽台と対戦する。前半は、10－7で天理がリード。手に汗握る好ゲームになったが、後半25分過ぎに長崎北陽台に逆転トライを許して敗れている。理道は後半22分、負傷交代。高校生活の最後は悔しい敗北で終わった。

ボールを受ける前に動く

歴史的に天理のラグビーは、小さな選手がいかに大きな選手に勝つかを追求することで、その強さを維持してきた。相手のディフェンスラインに極限まで接近し、すれ違いざまにタックルをかわすのも天理伝統のスタイルだ。

理道も高校時代、ＯＢからよく指導を受けた。先輩たちが一様に言うのは、「パスを受けるまでは、絶対に誰にもタックルされないから」ということだ。

ラグビーでは、防御側にタックルという武器が与えられているが、タックルはボールを持っている人にしかできない、というルールがある。ボールを持っていなければ、相手にいくら接近してもタックルされない。ボールを受ける前に動いて、タックラーをかく乱し、受けた瞬間に走る角度を変えることで抜け出すことができる、というわけだ。

「僕らのときのバックスは、パスもキャッチもうまくて、レベルが高かったと思いますよ」

そう言う井上大介と理道は、高校2年生のときは9番、10番、3年生では10番、12番と、いつも並んでプレーした。

「僕は間合いをつくってパスをするだけです。ハルはディフェンスラインに対して仕掛けてくれるから、放りやすかったですね」

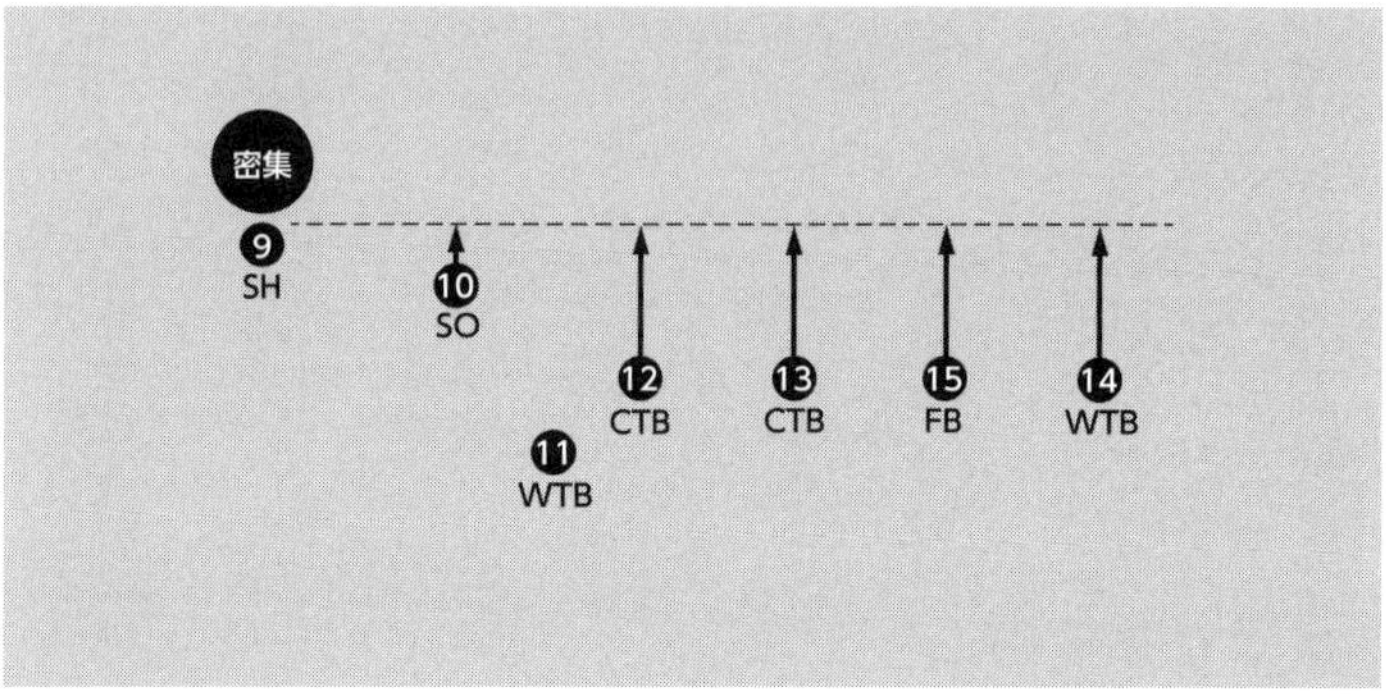

神戸製鋼のフラットライン（攻撃時のポジショニングの一例）

二人が高校3年生のとき、武田監督は「フラットラインをやる」と宣言し、ＯＢで神戸製鋼に所属していた八ツ橋修身にコーチを依頼した。

２００３年に発足したジャパンラグビートップリーグの初代王者となった神戸製鋼は、ディフェンスラインに極限まで接近するフラットラインを採用していた。

普通のバックスラインは、スクラムを組むフォワード、そしてボールを出すスクラムハーフを起点に、スタンドオフは斜め後方に立つ。フラットラインは、スクラムハーフとスタンドオフが真横（フラット）に立つようなイメージで、そこにアウトサイドのセンターなどがスピードをつけて真っすぐ走り込んでくる。相手と間合いのないところで、正確なパス能力が問われる難しい戦法だ。

八ツ橋に教えてもらったとき、選手たちは「こんなん、無理やん」とささやき合ったという。当時のスクラムのオフサイドラインは、いまのように5メートル下がっていない。スタンドオフが前に出ると、相手側のディフェンスラインとは、スクラム一個分を隔てるだけで向き合うことになる。

だが、高校生たちは、この難しいフラットラインを少し調整しながら採用した。

「よーい、どんで10番、12番、13番の3人が動くと、ディフェンスにスペースが空く。僕はそこに正確にパスすれば良かった」（井上）

この接近戦で勝ち進んだ天理だが、井上と理道には苦い思い出がある。3年生の全国高校大会準々決勝で長崎北陽台に負けた試合のことだ。

拮抗《きっこう》した展開のなかでサインプレーを仕掛けた。そのとき、スタンドオフの井上が前に出過ぎて、立川にパスできなかったことがあった。

「僕はサインプレーを成功させるために相手を引きつけようとし過ぎて、捕まってしまったんです。ハルは目の前が空いていたから、パスが欲しかった。パスできていればトライだったと思います」（井上）

もう一つ、理道には、この日のことでずっと引っかかっていることがあった。後半22分に交代させられたことだ。自分ではまだプレーできると感じていた。実際に交代を告げられたときは、憮然《ぶぜん》とした表情でタッチラインをまたいでいる。

試合が行われたのは、2008年1月3日。あれから8年以上の歳月が流れた。武田監督は現在、岡山県の創志《そうし》学園高校ラグビー部の監督を務めている。

「3回戦の國學院久我山戦のときにマークされ、かなりダメージを受けていたんですよ。胸を痛めて、パスもできないくらいでした。準々決勝に出すことも迷ったほどです。長崎北陽台戦でも、前半に立川が抜かれてトライされた。動きもあまり良くなかった。終盤に攻め込まれてゴール前に釘付けになったとき、立川が抜かれてトライされるのは嫌だなと思いました。彼のプライドもあるし、当然、次の試合も勝つつもりでしたから。ここは立川を外してもしのげると思ったし、将来は日本代表を背負って立つ選手だと考えて、体調とプライドに配慮しました。いまから思えば、最後までプレーさせてやったほうが良かったかもしれませんね」

この話を聞いた立川は、「僕のことを考えてくださったんですね」と武田監督の配慮に感謝した。実際、怪我は周囲が思っている以上に重かったようだ。

「胸鎖《きょうさ》関節を痛めていました。夜、眠れないくらい、しんどかったです。前半、長崎北陽台のナンバー8（山内健太郎）のサイドアタックで飛ばされました。タックルに入って飛ばされたことなんてなかったのに。そのあたりは、監督として気になったでしょうね」

兄・直道

理道は、1歳上の兄・直道を尊敬している。「ナオ」「ハル」と呼び合う間柄で、双子のように育ったが、「ナオは僕の理想のキャプテンで、一番影響を受けた人です」ときっぱり言うのだ。

生真面目な性格で、周囲から絶大な信頼を勝ち得ている直道だが、そうなったのは、理道の存在が大きく影響している。

「気づいたのは高校のころです。ハルには、自分にないものがありました。教えられなくても、キックもパスもうまいし、感覚的にスペースを見つけるようなところもある。そんな才能にあふれた選手が一番近くにいたからこそ、自分は細かいプレーをしっかりする、練習に対する高い意識を持つ、というようなことをしないと上には行けない気がしたのです。そのころから、より自分に厳しくするようになりました」

直道は、中学までは同世代のなかで体も大きく、ボールを持ってどんどん前に行くことができた。ところが高校に入ると、自分よりも明らかに実力が上の先輩たちがいた。そのとき、ふと中学生の理道を見ると、すごいパスをしたり、ディフェンスを突破したりしていた。

弟の存在が、直道のラグビー人生に与えた影響は大きかった。直道は自分を律することで道を切り開いていく。

「高校の武田監督は、グラウンド外の規律がグラウンド内につながる、ということを、よくおっしゃっていました。それなら僕にもできることだと思い、普段の生活から、きちんとやり始めました。ごく簡単なことです。遅刻をしない。服装をきちんとし、落ちているゴミを拾う。

その積み重ねが勝利につながり、どちらに転がるか分からないボールが、最後に自分のほうに転がってくる。それを信じて自分を律していました」

高校に入学し、寮に入った直道は、その生活に少なからずショックを受ける。

上下関係が厳しく、先輩の洗濯物を後輩が洗うのは当たり前になっていた。直道には、そうした理不尽な上下関係は、ラグビーの上達につながらないと思えた。1年生が眠る時間を削って先輩の汚れた衣類を洗濯しているのは、絶対におかしい。1、2年生の間は我慢し、3年生になると改革に乗り出した。

「1年生は、中学を出たばかりで考えが甘いところもある。それを上級生が厳しく教えていたという面も、確かにありました。しかし大切なのは、上級生が率先して規律正しく行動し、それを1年生に説いて聞かせることだと思ったのです。うまくいったかどうかは分かりませんが、変えました」

同じチームに年子の兄弟である。高校のラグビー部に共に在籍した時代は、兄弟での会話は少なくなった。寮でも、ほとんどしゃべらなかった。直道が3年生でキャプテンになり、理道がゲームをコントロールするスタンドオフになったとき、ようやく戦術的なことを話し始めたくらいだ。

直道によれば、理道はそのころ、まだまだ精神的に未熟だったという。

兄・直道が主将を務めた天理高ラグビー部。花園開会式で（2006年）

「考えてラグビーをしていなかったように思います。それで通用していた。だから〝試合を壊す〟ことも何度もありました」

試合を壊すとは、勝手なプレーで組織を乱し、勝てる試合を落としてしまうようなときに使う言葉だ。

「スタンドオフに入って、全くパスをしない。スイッチが入ると、ぶっ壊れるんです。それが、しょっちゅうありました。だから、ハルはうまかったけれど、本当に一流だと思ったことはありませんでした」

ただし、自分をコントロールできなくなっている理道を叱りつけることもできなかった。なぜなら、理道が人一倍、体を張って動き回っていたからだ。

「チームのエースが自分勝手にプレーするときっ

て、自分のパスが悪いのに、しっかり捕れよ、と怒鳴《どな》るようなイメージですよね。でも理道は、自分でボールを持ってガンガン体を張り始める。相手の攻撃も全部自分のタックルで止めてしまって、息が上がって、キックを蹴《け》ることができないくらいになる。そういう姿を見て、選手間で指摘するのは難しかったですね」

一度だけ、試合中に理道を叱ったことがある。直道がキャプテンで、ゴールデンウィークの試合だった。その試合では、レフリーとの相性が悪く、理道が大丈夫だと思って放った平行パスをスローフォワードと判定されるなど、理道はレフリングへの不満で気持ちが切れそうになっていた。ついに、トライをされた後のインゴールでレフリーに毒づいてしまう。

それを聞いた直道は怒った。

「おまえ、それを言うことがチームのためになるのか？　そんなにレフリーに文句があるなら、もうプレーしなくていい。出ていけ！」

理道は言い返すことなく、黙り込んだ。チームの空気は最悪になり、試合にも負けた。ただ、このときの経験が理道を変えた。

「あの試合以降、レフリーに対する文句を一切言わなくなりました。兄に言われた通り、レフリーに文句を言っても、何ひとつチームのためにはなりません」

以後は、自分の試合を担当するレフリーの傾向を研究し、しっかりコミュニケーションを取りながら、よく考えてプレーするようになった。

みどりのテープ

立川理道は、試合になると、手首に黒いテーピングをした上に緑色のビニールテープを巻く。母の名が「みどり」だからだ。実は直道が始めたものだ。

初めて巻いたのは、直道が高校2年生で全国高校大会に出場したときだった。

「いろんな色のビニールテープを巻くのが流行っていたときでした。僕もちょっと手首が痛かったので、何色を巻こうかと考えたときに、母への感謝も込めて巻いたのが始まりです」

直道がするのを見て、「めっちゃいい、俺もする！」と理道が続いた。いまでは、みどりのテープは、この兄弟のトレードマークになっている。

常に理道を導く立場の直道は、両親と二人の兄に心から感謝する。

「僕ら二人は自由にさせてもらいました。裕福な家庭ではないのに、ラグビーをやりたいからと、いろんなものも買ってもらったし、上の学校にも行かせてもらった。兄二人は、大学には行かず、なるべく早く働けるようにと幼児教育の専門学校へ行って、保育士になりました。親に負担をかけないようにと考えていたのだと思います。だから、二人の兄にも感謝しています。いまも両親の近くに住んでくれているし、僕と理道が自由にラグビーができるのは、家族のおかげです」

父は息子の試合になると、ハンディータイプのビデオカメラを回して、小学生時代から今日までの録画をすべて揃えている。愛情いっぱいの応援が二人の支えだ。

「僕が親になってみて思うのですが、一人娘でも大変なのに、男４人を育てることを考えると、ぞっとします」（理道）

その母は、二人の息子を厳しくも温かく見守る。

「トップリーガーになるなんて、夢にも思いませんでした。どうしたら、こんな子に育つのですかとよく聞かれますけど、そんなことは考えたこともありませんよ」

直道は、２０１6年2月27日に結婚式を挙げた。ラグビー選手はオフシーズンの2月か3月に式を挙げることが多い。この日は、スーパーラグビーに日本から初参戦したサンウルブズの開幕戦だった。理道も試合が終わると、すぐに駆けつけた。

直道が父に結婚の話を打ち明けたとき、理が驚いたことが一つある。全くの偶然なのだが、直道のフィアンセの名は「みどり」だったのである。

高校ジャパン落選

天理高校での活躍で、高校ラグビー界では全国的に知られていた立川理道だが、多くの人が不思議がるのは、彼が高校日本代表に選出されなかったことだ。理道にとっても、それは屈《くつ》辱《じょく》の記憶として脳裏に刻まれている。

理道が高校3年生の夏、2007年7月23日から8月6日にかけて、高校日本代表はオーストラリアへ遠征した。メンバーには、新関世志輝《にいぜきよしき》（現・クボタスピアーズ）、山下昂大《こうた》（現・コカ・コーラレッドスパークス）、滑川剛人《なめかわたけひと》（現・トヨタ自動車ヴェルブリッツ）、南橋直哉《みなみはしなおや》、井口剛志《いぐちつよし》（現・神戸製鋼コベルコスティーラーズ）ら未来のトップリーガーがいた。

この年度の高校日本代表の監督は田中克己だった。天理高校ラグビー部の元監督である田中は、日本ラグビーフットボール協会の競技力向上委員会の委員を務め、ユース世代の強化の統括をしていた。しかも天理高校の保健体育科の教員であり、理道がいた3年間は、ずっと担任だった。

理道は授業中に、ノートにラグビーの試合で使うサインプレーの図を描いていることがあった。田中がやって来て「何をしている？」と声をかける。ノートを見せると、田中は「それは、こうやったほうがいいんじゃないか？」と助言するのだ。そんな話を理道から聞かされたみどりは、保護者の懇談会で「そういうことをされては困ります」と田中に言った。すると田中は、「僕も高校生のとき、そうだったんで、気持ちが分かるんですわ」と言葉を返した。実際に田中は、スポーツクラスの授業でラグビーの戦術について延々話すことがあったという。

高校日本代表の落選は、田中からみどりに告げられた。「高校日本代表は落ちています。お母さん、この子な、天理の宝になるで。そのために、いまは選ばないほうがいい」。そんな言葉をかけられたことを、みどりは記憶している。

この言葉の真意について、田中はこう説明する。

「立川君というのは、天理の財産みたいな選手です。大勢の人たちに見守られて、大切に育てられてきた。高校日本代表の選考をしているときも、スタンドオフに立川を推す声があった。でも、僕が外しました。あのころは、ディフェンス力がまだまだでした。オーストラリアの大きなフォワードに圧力をかけられながらボールが出てきたときに、そのことが目立つのではないかと思ったのが一つ。高校レベルでスタンドオフがプレッシャーのなかでプレーするのは、本当に上位同士の対戦だけです。そういう経験が少ないままに、オーストラリアへ行くと、相手のフランカーやスクラムハーフに狙われて怪我をするのではないかと思ったのです。立川は自分からどんどん体をぶつけていくタイプでしたからね」

一番の心配は怪我だった。まだ体ができていないなかで、ガツガツと相手にぶつかっていくプレースタイルに不安があったのだ。立川の代わりに、スタンドオフには、相手から離れたところでプレーするのがうまい小樋山樹《こひやましげる》(現・NTTドコモレッドハリケーンズ)と南橋が選ばれている。

田中には、立川をスタンドオフのポジションのみで固めたくないという思いもあった。センターも経験させ、より幅広い動きのできるバックスへと成長することを願ったのだ。

やまのベラグビー教室と天理中学で、基本的な技術であるキャッチ、長短のパス、ダウンボールなどを徹底して仕込まれ、天理高校では極限までディフェンスラインに接近するプレーを磨いた。ポジションは、スタンドオフ（10番）とセンター（12番）。日本代表で活躍する礎《いしずえ》は、少年時代の指導者たちがしっかりと身につけさせてくれたものだ。

その才能がさらに開花し、日本全国の人を驚かせるのは大学に入ってからになるのだが、その話へ進む前に、これまで再三出てきた「天理ラグビー」について書き記しておきたい。

第2章 天理ラグビー

選手、指導者は多士済々

立川理道は、天理ラグビー初のラグビーW杯選手である。そう聞くと、何かの間違いではないかと思う人が多いだろう。天理ラグビーが輩出した名選手は数知れないからだ。

天理高校卒の「レジェンド」といえば、真っ先に名前を挙げなくてはいけないのが、蒲原忠正《かもはらただまさ》（旧姓・藤本）だろう。天理高校から早稲田大学へ進学した蒲原は、日本ラグビー史上屈指のスタンドオフとして語り継がれている。

蒲原は、1967年3月12日、東大阪市の花園ラグビー場で行われた日本代表対NZU（ニュージーランド大学クラブ選抜）戦で代表デビューした。当時は、大西鐵之祐《てつのすけ》監督を軸に日本代表の本格的強化が始まったころで、大西監督考案の「展開、接近、連続」理論で戦法の統一が図られていた。

この理論は、日本人の特徴を考え抜いた末に考案されたものだ。外国チームに体格で劣る日本人は、できるだけもみ合いを避けなければならない。スクラムなどセットプレーからの攻撃では、まず「展開」する。密集からボールを離すのだ。次に、相手防御に「接近」して、日本人特有のこまやかな動きで突破を図る。そして、厳しい練習によって身につけた持久力で、「連続」してボールを動かしていく。

どこか、エディー・ジョーンズヘッドコーチが率いた昨年までの日本代表に通じるものがある。いつの時代も、日本らしさを突き詰めると、ここに行きつくのだろう。蒲原が当時の日本代表の軸になり、立川理道が〝エディー・ジャパン〟のキーマンになったのは、天理ラグビーの特徴によるところが大きいのかもしれない。

蒲原は、センター横井章《よこいあきら》（大手前高校→早稲田大学→三菱自工京都）とともに、この接近プレーの中心となる。1967年に来日したNZUには、スクラムハーフのレイドローや、フルバックのウイリーメントなど、ニュージーランド代表オールブラックスの選手も含まれていたのだが、日本代表は3－19と健闘する。

横井の述懐によれば、蒲原とのコンビであれば、ディフェンスを破るのは簡単だったという。二人でディフェンスラインに接近し、蒲原のパスと同時に横井が角度を変えてタックルできない位置に走り込むのだ。ラグビーでは、ボールを持った選手にしかタックルすることができない。難しいサインプレーをするよりも、息の合った二人が相手よりも先に動くことで、たやすく突破できたのだ。既述の通り、立川理道の時代になっても、この接近プレーは天理ラグビーのなかでしっかり継承されている。

蒲原は、1971年9月に来日したイングランド代表との二つのテストマッチ（※国代表同士の公式試合）にも出場した。9月28日、秩父宮《ちちぶのみや》ラグビー場で行われた第2戦では、3－6という歴史に残る名勝負。スタンドを埋めた満員の観客が興奮のあまり、試合後にグラウンド内で選手を胴上げしたというエピソードが残る。この試合の映像は残されていないのだが、花園ラグビー場で行われた第1戦の映像は残っている。

そのなかに、蒲原の非凡さを示すシーンがある。インググランドボールのスクラムから出たボールにプレッシャーをかけた蒲原が、スクラムハーフからのパスを受けた瞬間の相手スタンドオフをタックルで倒しているのだ。短い距離での驚異的なスピードと、強く低いタックル。ちなみに当時の記録では、蒲原の身長は168センチ、体重68キロ。相手のスタンドオフは180センチ、70キロだった。その後、蒲原は1973年まで日本代表でプレーしている。

W杯後、立川理道が天理へ。大先輩の蒲原氏から花束を贈呈される（2015年）

このイングランド戦には、スクラム最前列のフッカーで、天理高校、早稲田大学で蒲原の一学年下になる後川光夫《あとかわみつお》も出場していた。後川は、スクラムであまりに低い姿勢を取りすぎて、フッキング（※スクラムからボールをかき出す行為）する足が前に出ず、頭を使ってボールをスクラム後方に送ったという武勇伝を持つ選手だ。

同時代に日本代表入りしたセンター犬伏一誠《いぬぶしかずまさ》（天理高校→早稲田大学）、１９７０年代後半に活躍したフルバック田中伸典《たなかのぶふみ》（天理高校→天理大学→トヨタ自工）、俊足ウイング氏野博隆《うじのひろたか》（天理高校→同志社大学→東京三洋）など、天理の学校を卒業した日本代表キャップ保持者は立川理道で11人目になる。

田中伸典は現在、天理教葛原《くずはら》分教会長を務めるが、１９７４年から８２年まで日本代表のフルバックを務め、フランスへ留学してラシンクラブ（※当時の日本では、レーシングクラブと呼んでいた）でプレーしたこともある。のちに、同じクラブで現・天理大学ラグビー部監督の小松節夫《こまつせつお》もプレーした。クラブは現在「ラシン92」と名前を変え、２０１５～１６シーズンのヨーロピアンラグビーチャンピオンシップで準優勝。同シーズンのフランスのトップリーグ「ＴＯＰ14」では優勝を果たした。現在、元オールブラックスのスーパースターであるダン・カーターが所属する。

立川理道は、田中伸典に直接指導を受けたときのことをよく憶《おぼ》えていた。

「ディフェンスに接近して、内か外にステップを切るだけで抜けるから、と言って実演してくれました。田中先生が足を滑らせたので、怪我《けが》をしないかとドキッとしたのですが、『いまはこけたけど、こんな感じでステップを切ったら抜けるから』と教えてもらいました」

ラグビーのW杯が始まったのは1987年である。それまでの名選手は、もとより出場が叶《かな》わなかった。最近の天理出身の名選手と言えば、立川理道の憧《あこが》れの人でもあった八ツ橋修身（天理高校→天理大学→神戸製鋼）だ。しかし、12キャップを持つ八ツ橋も、プレーヤーとしてピークを迎えた時期と、4年に1度のW杯開催時期とが合わず、出場していない。世界のトップ選手でも、W杯に縁のなかったケースは多い。神戸製鋼の日本選手権7連覇時代に活躍したイアン・ウィリアムスも、オーストラリア代表屈指の名ウイングでありながら、活躍はW杯の合間だった。W杯に出場することは、まさしく幸運なのである。

天理ラグビーは名指導者も数多く輩出している。天理大学を全国屈指の強豪校に引き上げた藤井《ふじい》主計《かずえ》、10年以上にわたって天理高校の監督を務め、高校日本代表監督にもなった田中克己、そして、現在の天理大学を率いる小松節夫らだ。

藤井は1968年（昭和43年）に天理大学ラグビー部の監督に就任し、厳しい指導で「鬼」とささやかれた。就任3年目の関西大学リーグでは、7年間にわたって45連勝中の同志社大学を下し、初の関西王者に輝いている。同志社の大型フォワードに対抗するため、バックスの走力を生かした天理ラグビーに磨きをかけたのだ。

1975年にも関西リーグを制したが、以降、立川直道・理道の兄弟が活躍して関西を制するまでは、優勝から遠ざかることになる。

外部で実績をあげた指導者では、大阪工大高（現・常翔《じょうしょう》学園高校）のラグビー部を日本一に導き、強豪高校としての礎《いしずえ》を築いた荒川博司《あらかわひろし》（故人）がいる。テレビドラマ『スクールウォーズ』で山下真司が演じた泣き虫先生の、ライバル監督のモデルになった人だ。

さらに、啓光《けいこう》学園（現・常翔啓光学園高校）を全国4連覇（2001年度から04年度。監督として3度、総監督として1度）に導いた記虎敏和《きとらとしかず》、高校日本代表の監督などを歴任し、テレビの解説者としても知られる川村幸治《かわむらこうじ》、京都産業大学ラグビー部の大西健《けん》監督、御所実業高校を率いて天理高校の最強のライバルとなった竹田寛行《たけだひろゆき》といった天理大学卒業の面々が浮かぶ。

トップリーグでは、宗像《むなかた》サニックスブルースの監督を務める藤井雄一郎《ゆういちろう》、昨年まで近鉄ライナーズの監督を務めた前田隆介《まえだりゅうすけ》が天理高校出身だ。

この指導者たちに共通するのは、体格の不利や選手層の薄さを言い訳にせず、知恵と工夫で強豪チームを倒していくことだ。天理ラグビーに脈々と受け継がれるウィニングカルチャー（勝利の文化）は、確かに存在している。

ちなみに、昨年のW杯の南アフリカ戦の最後、左コーナーに逆転トライをあげた日本代表のカーン・ヘスケスは、藤井が発掘した選手である。ニュージーランドの州代表まで選ばれてはいたものの、まだ粗削りだったヘスケスの爆発的な走りを見て、この特長はサニックスの戦術のなかで生かせるとスカウトしたことも、天理の文化と無縁ではないだろう。そのヘスケスが、立川理道がつないだパスを受けて歴史的トライをあげたのも、どこか因縁を感じるのである。

天理教二代真柱

天理ラグビーの始まりは、大正12年（1923年）にさかのぼる。天理教では、教団の統理者のことを「真柱《しんばしら》」と呼ぶ。その二代目の真柱、中山正善《しょうぜん》氏が旧制大阪高等学校（大阪大学一般教養部南校の前身）でラグビーと出会ったことから、すべてが始まった。

『天理ラグビー　50年の歩み』には、中山正善・二代真柱の次のような文章が掲載されている（筆者、加筆修正）。

《私は、高等学校（旧制大阪高等学校）で初めて、ラグビーを知りました。「蹴球《けまり》」といえば丸いものと思っていた私の眼前《めのまえ》に蹴《け》られているボールは、なんとダチョウの卵を一回り大きくしたような楕円《だえん》球ではありませんか。

「あれがラ式だ」（※ラ式とはラグビー式蹴球。サッカーはア式蹴球と呼ばれた）と言われた時には、なんとラグビーとはつむじ曲がりなものやなと思ったくらいです。ところが、この学校では、その部の選手がやるばかりではなく、全校生徒が体操の時間などに、よくこのラグビーで遊んだのであります。つまり、ラグビー部へ入るか否かを問わず、ラグビーで遊ぶことが強制されたのであります》

この文章は長く続くのだが、そこから読み取れるのは、大阪高等学校では教育の一環として生徒たちにラグビーをさせていたということ、このころのラグビーが広く普及を目指していたことである。また、二代真柱は、同校の野田義夫校長から次のような話を聞いたという。
「ラグビースクールとは、今日では立派な校風のある英国一流の学校であり、ラグビー式学風は世界的に認められている立派な学校である。その学校も一時は非常に頽廃《たいはい》していたことがあったが、時の校長が一案を創し、それを実行して遂《つい》に立派な世界的の校風を築き上げた。ラグビーフットボール等もその名を冠し、その精神によるものだ」（『天理ラグビー　50年の歩み』から）

このとき二代真柱は、ラグビーという呼び名が学校名であり、英国の地名だと知った。ラグビースクールは、イングランドのラグビー地方にある、日本で言えば中高一貫の私学校である。ラグビーをはじめスポーツ教育を充実させたことで知られている。

その2年後の大正14年、二代真柱の働きかけで、旧制天理中学校（現・天理高校）と、開校

昭和10年、天理の現役とＯＢの試合に出場した二代真柱（前列中央）

したばかりの天理外国語学校（現・天理大学）にラグビー部が創部された。
「ラグビーが流行するかどうか、それは私には問題ではなかったのです。ラグビー競技の持つ精神と動作に多少以上に興味をもっていた私は、これならうちの学校に移植してもよい、と思ったのです」（同）
中学は純白、外国語学校には純黒のジャージーを渡したことについては、こんな説明がある。
「別に深い考えもなく、また生徒諸君に相談もなく、私たちが勝手に注文したユニフォームを学校に渡したように憶えています」（同）
現在に続く、天理高校の白ジャージー、天理大学の黒ジャージーは、宗教的な意味合いはなく、また、オールブラックスやイングランド代表を意識したものでもなかったようだ。

天理にラグビーチームができたのは大正14年だが、天理中学のグラウンドでラグビーボールを最初に蹴ったのは、大正12年に合宿に訪れた明治大学のラグビー部だった。明治大学のラグビー部の創始者は、旧制天理中学を大正9年に卒業した能美一夫《よしみかずお》で、創部したばかりの同大学ラグビー部を能美が連れてきたのだった。

天理ラグビーの草創期の指導者で、名前を挙げなければならないのは山口三郎だ。資料を見る限り、山口が天理ラグビーの文化に大きな影響を与えたことは間違いない。

旧制大阪高等学校ラグビー部の創部メンバーだった山口は、東京大学時代、同じ文学部に在籍していた二代真柱から、天理中と天理外語の教職に就き、同時に「ラグビー部の面倒をみてほしい」と依頼される。山口は、さまざまな進路を模索していたが、この話に魅力を感じた。「大高ラグビーに注いだあの情熱を、今度は天理中学と天理外語に集中して、当時の誰一人として夢想しなかった『天理王国』を関西ラグビー界の一角に築きあげればよいではないか」(同)

天理に赴任した山口は、授業では英語を担当し、ラグビー部の指導に当たっては、愛読書トマス・ヒューズ著『トム・ブラウンの学校生活』に描かれたラグビースクールの学校生活を再現しようとした。寄宿舎生活で成長をとげる少年たちの物語を、天理中学に当てはめたのだ。そして、外語のほうには週一日だけ出かけるようにして、中学の指導に没頭する。

山口の信条は明快だった。

「第一に、常に正しいプレーに終始して、たとい不利を招こうとも『汚い』プレーやラフなプレーは一切やらないこと。第二に耐久力を養って、試合の最後の五分間にも最初の五分間と同じ技量を発揮できるようになること。第三には、自分が犠牲になっても味方の誰かが見事なプレーを見せ、効果を収めてくれるようにすること」（同）

文字通りの「猛練習」を敢行《かんこう》し、グラウンドでは腰を下ろすことはもちろん、1分の休みも与えなかったという。

チームの性格は創部当時の指導者、部員によるところが大きいという。この山口三郎の厳しい指導が、いまに至る天理ラグビーの源泉にあるということだろう。

創部当初、部員が中心になって作られた「蹴球十訓」は、いまに伝えられている。

一、勇猛に而《しか》も紳士的に
一、蹴球選手は紳士なり
一、個人の巧みさより団体の強さ
一、縁の下の力持ちの心懸け
一、奇を望むは破綻《はたん》のもと
一、攻撃に勝る防禦《ぼうぎょ》なし

一、基礎技術の練習は七割と心得よ
一、正しい指導を受けよ
一、補助運動を欠いてはならぬ
一、強い意志は最後の栄冠

山口は昭和10年（1935年）に理由《わけ》あって天理を離れるのだが、翌11年1月、天理中学が創部10年目にして全国大会で優勝を果たす。この大会は、大正7年（1918年）に始まったもの。当初は大学、高校、中学が混在して開催されていたが、第3回大会から中学と大学、高専の部に分かれた。そこから第7回大会までは同志社中学が5連覇。天理中学は昭和3年の第10回大会（甲子園球場）に初出場し、第18回大会で初の頂点に立った（※この大会が昭和23年の学制改革後「全国高等学校ラグビーフットボール大会」となる）。

同大会の『80回記念誌』には、第18回大会の様子が記述されている。

「出場校中、一番の小粒といわれた天理中がフォワードの巧みなプレー、バックスのパスとキックを併用した頭脳的なプレーを連動させ、前年優勝を分けた台北《たいほく》一中、鞍山《あんざん》中を無得点に抑えるなど試合巧者ぶりを発揮して初優勝、7年ぶりに近畿に覇権を取り戻した」

以降、低迷期もあったが、天理高校（旧制天理中学）は、全国優勝6回、準優勝7回、ベスト4進出6回を記録し、強豪校として確たる地位を築いた。

また、天理高校、天理大学だけではなく、戦後は天理中学、天理高校第二部、天理教校附属高校と親里《おやさと》高校（平成17年に天理教校学園高校へと統合）、幼稚園児や小学生がラグビーを楽しむ「やまのべラグビー教室」、天理小学校の「天理少年ラグビークラブ」などが次々と誕生する。

こうした環境が整ったことで、立川理道たちのように、同じ仲間で大学までラグビーを続ける選手が出始める。

既述の通り、これだけのチーム数が切磋琢磨《せっさたくま》すれば、指導者も育つ。特筆すべきは、昼間は仕事をしながら、夕方から勉強とラグビーに取り組む定時制の天理高校第二部が、効率の良い練習で天理高校を破り、全国大会出場を果たしていることだ（第53回大会）。どんな環境でも勝利を目指す意識は、どのチームにも浸透しているのだ。

現在、天理高校ラグビー部の監督を務める松隈孝照は、きっぱりと言った。

「天理高校が日本一を目指さなかった年はありません。どんな選手でも、日本一になるためにやる。相手が強ければ、そこに勝つために練習は厳しくなります」

それにしても、なぜ天理のラグビー選手は小さいのか。この件については、『天理ラグビー

50年の歩み』のなかに、「天理のラガーは何故小粒か」という短文が寄せられている。

《山椒《さんしょう》は小粒でも、ピリッと辛い。戦前、戦後を問わず天理のラグビーチームはこういってよく批評されたものである。同じ日本人で、どうして天理に小粒が多く、特に名選手といわれる者に小粒が多いのか。

ある人は言う。宗教家庭のため、粗食で育ったから体が小さいのだと。ある人は言う。天理のラグビーは練習が厳しい。練習がきついと体の大きな者は先に落伍《らくご》してしまう。そうして部員から脱落する者も多く、体の小さい者がどうしても永続きし、優れた選手として育っていくからだと。筆者は後の説をとりたい》

イニシャル名の筆者は不明だが、どちらも真実だろう。現在、天理大学の監督を務める小松節夫はこう語る。

「小さいから、動き回って勝つ。それが天理のラグビーに代々受け継がれてきたものです。これが続くと、小さくても勝負できる、という場所を目指して、他府県からも小さな選手がやって来ます。次第に、大きな選手は来なくなったということかもしれませんね」

名勝負

小さいから、走り勝つ。パワーがないから、技で勝負する。立川理道は確信している。

「僕の良さは、基本プレーの正確性です。キャッチ、パス、ダウンボールなど、その正確性は天理で培われたものだと思います」

基本を大切にして戦ってきた天理高校は、2013年度の全国高校大会3回戦で、流通経済大学柏《かしわ》に12－10で勝ち、秋田工業に次いで同大会の通算100勝を達成した。王子拓也《おうじたくや》キャプテンを軸に、6年ぶりのベスト8進出は「古豪復活」と称《たた》えられた。

この時点での通算戦績は、100勝54敗6引き分け。その戦いの歴史には、感動的な僅差《きんさ》勝負が少なくない。

2014年4月27日、花園ラグビー場で開催された「関西ラグビーまつり」では特別な試合が行われた。1983年度の第63回全国高校大会決勝「天理対大分舞鶴」の再戦である。

この試合は、松任谷《まつとうや》由実さんの名曲「ノーサイド」のモデルになったとされている。

1983年度の大会は、巨漢フォワードの伏見工業、大阪工大高、國學院久我山の3強が優勝を争うと見られていた。ところが、決勝の舞台に上がったのは、軽量フォワードの天理（平均74キロ）と大分舞鶴（平均76キロ）だった。天理高校は軽量だったこともあり、決勝までに主力の8選手が負傷する満身創痍《そうい》の状態だった。

この決勝には語り継がれるエピソードがある。大分舞鶴のキャプテンである福浦孝二《ふくうらこうじ》の大学受験の日と、決勝戦の日程が重なってしまったのだ。福浦は決勝戦の出場をあきらめるが、大学側（※鹿屋《かのや》体育大学〈鹿児島県〉）の配慮で早朝に試験を受け、飛行機で花園に駆けつける。試合は手に汗握る好勝負となり、ノーサイド直前に、大分舞鶴のナンバー8川上浩司がトライして、16－18と2点差に迫った。ゴールが入れば同点で、両校優勝となる。

プレースキッカーは福浦だった。そして、ゴールは無情にも外れる。このシーンを自宅のテレビで見ていた松任谷さんが感銘を受けて作ったのが、あの曲というわけだ。こうして天理高校は、単独で12年ぶり5回目の優勝を飾った。再戦の案を出したのは、天理高校ＯＢだった。これに大分舞鶴側も快く応じた。

あれから30年。40歳代後半になった選手たちが、高校ラグビーの聖地・花園に集った。試合は25分ハーフ。交代は何度でもありの特別ルールだった。前半は17－12と天理がリードしたが、後半は、交代選手の人数が多い大分舞鶴が41－22と逆転勝利した。30年前の雪辱《せつじょく》を果たしたわけだが、人数が少なくて負けるところに天理らしさが表れてもいた。驚くべきことに、この試合を取材しようと、16ものメディアが訪れた。この試合は、ノーサイドの伝説とともに、ずっと語り継がれることだろう。

その前年、さらに古いＯＢ対決もあった。２０１３年1月に行われた第92回大会準決勝の前座試合として、天理高校ＯＢと、北海道の北見北斗《きたみほくと》高校ＯＢが対戦した。

全国高校大会は、昭和38年の第42回大会を機に、兵庫県の西宮球技場から東大阪市の花園ラグビー場へと開催場所を変更した。これ以降、「花園」が高校ラグビーの聖地となる。その50年の節目に、42回大会の決勝戦で対戦した両校が再戦することになった。

当時は天理高校が８－３で勝ち、27年ぶり２回目の全国制覇を成し遂げ、初代花園王者の座に就いた。そして今回の結果は、66－５で天理が大勝。この２試合だけを見ても、天理高校が高校ラグビー史でも特別な存在であることを再認識するのである。

国際交流

天理といえば、日本代表はじめ数々のラグビーチームが合宿に訪れている。複数のグラウンドと宿泊施設（※信者詰所など、市内に百数十カ所ある）が整っていることが大きな要因だが、天理教の教えも影響しているようだ。

人種や民族が違っても、人類は皆、人間創造の〝親なる神様〟の子供であることに変わりはない、という教え（一れつきょうだい）があり、天理に来ることは、親神様に会いに故郷に帰ってくるということだから、分け隔てなく、温かくもてなすという考え方だ。ゆえに、天理は

「親里」とも呼ばれ、市内には「ようこそおかえり」という看板が目につく。

また、国際交流の歴史も古く、来日した多くのチームが天理を訪れている。1953年（昭和28年）のケンブリッジ大学も、その一つだ。

この来征では、日本代表などと8戦して全勝。圧倒的な強さを見せつけたのだが、9月27日、花園ラグビー場で日本代表と対戦した翌日に天理を訪れ、教会本部神殿に参拝している。プレゼントされた天理教のハッピを着て、共に炭坑節を踊るなど、和気あいあいとした写真が残されている。

1956年（昭和31年）2月から3月にかけて来日したオーストラリア学生代表も天理を訪れたが、このとき両者は強い絆《きずな》で結ばれた。

天理高校グラウンドで練習した同チームは、高校生が練習を手伝ってくれたお礼にと、K・E・ウォルシュ監督自ら天理高校の選手を約1時間、熱心に指導した。フォワードプレー、ディフェンス、キック・アンド・ラッシュ（※ボールを高く蹴り上げ、敵陣になだれ込む戦法）、バックスの攻撃方法など実戦的な練習を行い、「きょう教えたプレーをよく守り、このシーズンにおける優れたプレーヤーには褒美《ほうび》を贈りたい」という言葉を残してグラウンドを後にした。

その年の秋、日本ラグビーフットボール協会の香山蕃《しげる》会長のもとに、天理高校ラグビー部宛《あ》ての、トロフィーとそのレプリカが届けられた。

来日したNZ代表「オールブラックス」が天理大のメンバーを指導（1987年）

そのトロフィーは、高さ約50センチ、最上段にはゴールポストとラグビーボールが据えつけられ、胴体部分には「K・E・ウォルシュトロフィー」と記し、桜の花びらをあしらい、両脇にカンガルーを配してある。そして、台の部分には「ベストキック・アンド・ラッシュ　プレーヤー」と「カバーディフェンダー」1955－1956と刻み、年に二人ずつ表彰できるようになっていた。

レプリカは表彰された選手に渡すためのものだ。天理高校からは早速、天理のシンボルである梅鉢の紋入りの銀杯が返礼として贈られた。

1958年（昭和33年）2月には、ニュージーランドからオールブラックス（23歳以下）が来訪し、ウォークライ（※ハカ、ニュージーランド・マオリ族の民族舞踊）を披露したほか、天理高校グラウンドで練習した。昭和40年代も、カナダのセントジョージズ高校、オーストラリアのイースタン・サバーブス、アルゼンチンのブエノスアイレス大学、韓国の高麗《コリョ》大学校が相次いで天理を訪問。1984年（昭和59年）には、日本代表と対戦するために来日したフランス代表もやって来て、完成したばかりの親里ラグビー場で練習している。87年、オールブラックスも2度目の来訪を果たしている。

国際親善試合も頻繁に行われた。昭和42年10月6日、イースタン・サバーブスと全天理チームが、新装なった天理高校ラグビー場で対戦した。このときの『天理時報』紙の記事によれば、「グラウンドには全面高麗芝が張りつめられ、文字通り緑のジュウタンを敷いたような見事なもの」とある。

イースタン・サバーブスのブルース・シェーン監督も「芝生のコンディションがとても良かった」と、19－0の勝因を語っている。天理は早くから、世界の先端を行く環境でラグビーをしていたことがうかがえる。

この試合は、芝生のグラウンド開きとして、中山正善・二代真柱と日本ラグビーフットボール協会の元会長・香山蕃の臨席のもと行われた。両人はともに東大卒ということもあり、懇意だった。このとき二代真柱は、始球式のキックオフを行った。

ここで日本ラグビーと天理ラグビーの関係性を語るため、香山のことについて少しふれたい。

香山は、京都府立一中（現・洛北高校）の生徒だったとき、慶應大対第三高等学校（現・京都大学）の試合を見て感激し、京都一中にラグビー部をつくり、のちに東京大学でもラグビー部を創部。友人の谷村敬介に依頼し、京都大学にもラグビー部をつくらせた。

東大を卒業後、英国留学（大正14年から15年8月）。名門ハリクインズクラブで最新のラグビーを学び、著書『ラグビー・フットボール』を通じて、その理論を日本全国へ広めた。また昭和5年、初めて結成された日本代表の監督としてカナダ遠征を敢行。後年、日本ラグビーフットボール協会の第3代会長となった。いわば日本の初代〝ミスター・ラグビー〟である。

のちに香山は、二代真柱の葬儀で弔辞を読んでいる。文面からは、日本ラグビー史のなかで、天理ラグビーがいかに重要な位置を占めていたかがうかがえる。その言葉は感謝の念にあふれていた。

「私はあなたを、ラグビーを通じ、大学を通じて知りました。そして現在まで長い御交誼《こうぎ》をいただいて来ましたが、その間ずいぶん無理なお願いばかりしてきました。しかしあなたは何時でも喜んで受け入れ、協会のために力強い支援をしてくれました。この点、日本ラグビー界の側面のリーダーであったと言えましょう。中でも天理の学校にラグビーを人間教育の柱として早くから取り入れ、これを根深く植え付けられ、また度重なる外国チームの訪問のたびにラグビーを通じての人間の強いきずなを培ってこられましたことは、ただ敬服のほかありません。日本を訪れた外国の選手達は日本訪問のプログラムの中で天理訪問をもっとも強い印象として

香山氏と二代真柱。二人の交流から、洛北高校と天理高校の定期戦が始まる
（写真中央はKAYAMA−NAKAYAMAトロフィー）

抱いて帰って行きました。その印象は、あの偉大な殿堂や、人的物的に他に類を見ない宗教的規模よりも、あなたに接して得た人間的親しみと敬服の念であったと思います」

香山は昭和44年5月3日、75年の生涯を閉じている。

天理教とラグビー精神

2002年、第2回天理スポーツ・ギャラリー展が開催され、その関連シンポジウムで「天理ラグビーの真髄と人材育成」というパネルディスカッションが行われた。

このなかで、天理大学を卒業した川村幸治は次のように話している。

「天理というのは、環境的に非常に整っていると思います。その環境というのは、グラウンドに立った足元のみならず、この天理の街や地域全体の空気までも含めてのことです。ラグビーに限らず、他の多くのスポーツにとっても、非常に良い環境であるだろうと思います。

先ほど田中伸典先生から、『知らないうちに人が育った』という話がありました。人的環境を見ましても、たとえばグラウンドに行って、技術的なキックを教える人もいれば、選手本人も知らないようなおじいさんが部室へ帰る選手を途中でつかまえて、『おまえ、いまあそこでつばを吐いていた。あそこでつばを吐いてはいかんぞ』というような、ラグビーから少しかけ離れたところも言ってくださるような環境があるのではないでしょうか。この辺りがいろいろな意味で、天理スポーツで育った選手たちを社会人にしていっているのではないかなと思います」

同年、天理ラグビーOBクラブを発展的に改組し、「天理ラグビークラブ（TRC）」が設立された。ラグビースクールからOBクラブまで、天理ラグビー全体を網羅するクラブで、各世代の指導者が集って情報交換をするなどの活動が行われている。

初代会長には、中山善衛《ぜんえ》・三代真柱が就任した。現在、天理ラグビークラブの理事長を務める中田一《はじめ》は、こう話す。

「人間を創造された親神様は、教祖《おやさま》を通して、世界中の人間が真の兄弟姉妹として仲良くたすけ合う『陽気ぐらし』を教えられました。その陽気ぐらしに向かううえで、神様から借りている体を十分に生かして使うことが求められています。スポーツもその一つで、天理の学校では若者の育成のうえに大いに役立てています。なかでも、天理教の教えとラグビー精神には近いものがあるようです」

実際に、多くの天理ラグビー関係者が、天理教の教えとラグビー精神の親和性を感じている。天理教の教えの一つに、「一手一つ」という言葉がある。全員が心を一つにして、それぞれに与えられた役割を全うする。一人ひとりが、それぞれの持ち場で自分の特性を全力で発揮するという意味だ。ラグビーそのものではないか。

元日本代表の蒲原・犬伏の同級生で、天理小学校の校長を務めた後藤典郎《のりお》は、1960年、天理中学の2年時からラグビーを始めた。のちに天理高校ラグビー部に部長などの立場で長年関わった後藤は、天理ラグビーの名手を次々に挙げながら「その選手たちと比べると、立川理道の中高時代は、そう目立つタイプではなかったですね」と微笑《ほほえ》んだ。

「天理のラグビーは展開ラグビー。誰が監督になっても、そのスタイルは変わりません。モールでトライを取ると、天理のラグビーではない、という声が聞こえるほどです」

その後藤が、2012年の『天理時報』紙の「視点」というコラムに、立川理道の試合での振る舞いについて書いている。

「天理大ラグビー部の活躍に寄せて」と題した文章には、全国大学選手権の決勝に進出し、帝京大学に敗れた試合のことを、こう振り返っている。

《試合後、「これぞ天理」といえる光景を目にした。表彰式を終えた立川理道主将が、相手チームに出向いて監督と握手を交わした。おそらく、対戦のお礼を述べたに違いない。選手たちはバックスタンドに向かい、応援してくれた人たちにあいさつをした。相手の応援団に対しても、しっかり頭を下げていた。

しばらくして、知人の大会関係者から、天理の主将と選手らの態度について「負けてもなお相手のことを思いやれる。さすが天理ですね」と言葉をかけていただいた。思わず胸が熱くなり、そうしたチームを育てられた小松監督はじめ、チーム関係者に感謝の念を抱いた次第である》

天理ラグビーの粘り強い戦いぶりは、天理教の教えに支えられている部分があるのは確かだ。しかし、全力で戦う選手たちを見て、その背景について考える人は少ないだろう。ただ、ひたすらにラグビーボールを追う選手たちの全力プレーに拍手を送っているはずだ。

特に、高校ラグビー界での天理高校の人気には不動のものがある。それを証明したのが、昨年度の全国高校大会２回戦（２０１５年12月30日）だ。

12月30日の花園ラグビー場は、三つのグラウンドをフル稼働して試合をこなしていく。2回戦は、実力的に見て1回戦を免除されたシード校が出てくること、そして年末年始の休暇期間中ということもあって、大勢の人で賑《にぎ》わう。

30日の最後に第3グラウンドで行われたのが、シード校の常翔学園と天理の一戦だった。奈良県予選決勝で御所実業を破り、2年ぶり62回目の出場を果たした天理は、ノーシードのなかでは屈指の実力校。対する常翔学園は、攻撃力抜群で優勝候補の一角だった。

破壊力抜群の常翔学園に挑む天理という図式は、長く高校ラグビーを見てきたファンにとって、何かが起こる予感に胸が高鳴る。この試合は唯一、陸上競技のトラックのある第3グラウンドで行われたのだが、キックオフの時間が迫るにつれ、人の波は次第に大きくなり、普段は立ち入り禁止のトラックも開放して観客を誘導する事態となった。

その異様な雰囲気のなかで、天理の選手たちの渾身《こんしん》のタックルが常翔学園に刺さり続けた。終わってみれば、5－3という僅差《きんさ》で天理の勝利。真っ向勝負の常翔学園と、集中力高く出足鋭いタックルを浴びせ続けた天理による好勝負だった。

天理は何かやってくれるかもしれない。感動させてくれるのではないか。そうした期待感を、いまも多くのラグビーファンが抱き続けている。

立川理道は、好きなラグビーに集中できる質の高い環境で育った。ただし、戦績という視点で見ると、輝かしい天理ラグビーの歴史のなかで特筆すべき成果をあげてはいない。中学も近畿大会で優勝できず、高校3年生では、選ばれると思っていた高校日本代表から落選し、高校最後の全国大会ではベスト8で敗退、自身も終盤に負傷退場する不本意な終わり方だった。

しかし、これらのほろ苦い経験が、立川理道に前進する力を与えたとも言えるだろう。大学進学を機に、彼はさまざまなことに気づき始めるのだ。

第3章

世界への序章

フラットパス

「自分自身が一番成長したと感じるのは、大学生のときですね」

立川理道が天理大学に入学したのは、2008年4月のことだ。同期には、やまのべラグビー教室からのチームメイトである、プロップ木下悟郎、フランカー佐坂智司、関口卓雄、ナンバー8渡部文泰、スクラムハーフ井上大介、スタンドオフ山下宗孝、鈴木心喜がいた。天理高校ではなく、天理教校学園高校へ進学した者や、天理高校へ通いながら同校第二部のラグビー部に所属した者もいたが、再び一緒になったのだ。このほか、石川県の日本航空第二高校（現・日本航空石川高校）から、シアオシ・マアフ・ナイ、アイセア・ハベアという二人のトンガ人留学生も加わった。天理大学ラグビー部が留学生を受け入れるのは、このときが初めてだった。

理道は当たり前のように天理大学への進学を決めた。関西の高校生選手の多くが関東の大学に憧《あこが》れを抱くなかで、そんな気持ちを持たず、同志社大学など伝統校のことも考えなかった。そのころからトップリーグでプレーしたいという希望はあった。天理高校の武田裕之監督（当時）からは、「トップリーグでプレーしたいのなら、明治大学など関東の大学に行ったほうが道は開けるのでは」という話もあったが、「トップリーガーになれるかどうかは自分次第」と思っていた。

松隈孝照コーチ（現・監督）からは、「天理大学の小松節夫監督は優秀な指導者だから、絶対に指導を受けたほうがいい」と言われていた。松隈は小松監督に大きな影響を受けていた。

「天理大学を卒業して、2年ほどコーチの手伝いをさせてもらったのですが、そのとき小松さんは、お酒も飲まず、コーヒーを飲みながら、いつもラグビーのビデオを見ていた。ミーティングもすごく長くて、トライへの道筋やディフェンスにもしっかりとした理屈があり、試合中の目線まで叱られる。ただ、理論家だけど情もある。一緒にやっているとそれを感じて、ラグビーの指導者になりたいと思ったのは小松さんの影響です。だから僕は、ハルも小松さんに出会ったことが大きいのではないかと思いますね」

理道は高校3年生のころ、兄の直道から「高校は管理された厳しい環境だが、大学では自分で考えないといけない」ということを言われていた。また、天理大学が強くなる基盤が出来つつあるということは、兄の様子からも感じ取っていた。

入学し、初めて言葉を交わした小松監督は、驚くほど穏やかな人だった。いままで出会った、どの監督とも違っていた。

「一つひとつのプレーについて、なぜこんなプレーをしたのか、どうすればいいのか、問いかけられる。考えさせられるんです」

小松監督は1963年生まれ。天理市で生まれ育ち、天理高校時代は高校日本代表に選出されたセンターだった。その後、フランスへ留学し、パリの名門ラグビークラブ「ラシン」で2シーズンにわたってプレー。帰国後、同志社大学へ進学。西日本社会人リーグの日新製鋼でプレーしたのち、天理大学ラグビー部の指導者となった。

コーチとして天理に戻ってきたのは1993年度、天理大学は、その前年に関西大学Cリーグに転落していた。かつては同志社大学と互角の好勝負を繰り広げ、1984年度に全国大学選手権の準決勝に進出した当時の面影は消え失せていた。

部員のモチベーションの低下も著しかった。小松は声を上げて叱ることはせず、諭すように選手に語りかけ、全国制覇を狙うチームになる文化を再構築していく。

天理伝統のラグビースタイルは、体格的に他チームに劣るため、俊敏性を生かして、スクラム、ラインアウトのセットプレーからのサインプレーで効率よく得点するというものだ。

だが、小松監督の考えは少し違っている。当時、黄金時代だった神戸製鋼は、小松監督の高校日本代表時代の同期である平尾誠二《せいじ》(伏見工業高校→同志社大学→神戸製鋼)がリーダーだった。平尾は、「スペースにパスを放る」「スペースに走り込む」という言葉をよく使った。それを聞いた小松監督は、フラットパスを連続させる戦術をイメージした。

「ラグビーでは、前にボールを投げられません。でも、フラット(真横)ならOKです。走り込んでパスを受けた瞬間に前に出れば、パスは横でも前に出られます。スペースは前方にあるわけです」

相手の防御ラインに対して激しく前に出る天理大学のラグビーは、徐々に結果を出していく。2001年12月、ついに入替戦に勝利してAリーグ復帰を果たす。そこから実績を積み上げ、05年には、21年ぶりに全国大学選手権に出場した。

そして2008年、立川理道ら好選手がまとまって入学してきた。この年の新人は、高校での有名選手が多かったわけではないが、実力者が揃《そろ》っていた。理道はメンバーを見渡し、このままいけば強くなると確信した。

小松監督が立川理道を初めて見たときの記憶は曖昧《あいまい》である。

「兄の直道が入学してくるということが決まって、その弟の理道もいい選手だと聞いていました。だから、初めて見たのは理道が高校2年生のころで、天理高校のグラウンドだったと思います。天理大学に来てほしいとは思っていましたが、ものすごく印象に残る選手ではなかったですね。憶《おぼ》えていることと言えば、キックがどこに飛ぶか分からない、当たれば飛ぶけれど、なかなか当たらない、そんなことですよ（笑）。だから、しっかり試合で見ることができたのは、高校3年生の全国大会の花園ラグビー場でしたね。怪我《けが》を抱えていて、足をテーピングで真っ白にして、それが痛々しかったのを覚えています。プレーは凄《すご》かったですよ。でも、最後までグラウンドに立つことはできなかった（※準々決勝の長崎北陽台戦の後半22分で負傷退場）。

武田監督としては、ぎりぎりまで引っ張ったのでしょうけれどね」

大学に入ってきた立川理道に感じたのは、「手の大きさだった」という。実際に手が大きいわけではなく、キャッチングするときにボールに対して、手のひらを大きく広げて待つしぐさが印象的だったのだ。

「基本技術がしっかりしていて、スケールの大きさを感じました」

スタンドオフとしての気づき

小松監督は1年生を積極的に起用して育成する指導者である。この年に入部した1年生も、その多くがレギュラー入りを果たした。理道も10番を背負い、自由奔放《ほんぽう》にプレーした。関西大学Aリーグでの戦績は、2006年は7位、翌07年は6位と順位を上げ、08年はさらに順位を上げるべく臨むシーズンだったが、9月7日に行われた筑波大学との定期戦では、7－41と大敗を喫してしまう。

このとき1年生の立川は、小松監督から「おまえのプレーの意図が分からない」と言われた。「なんのためにキックしたの?」。立川は自問自答した。そこで気づいたのは、自分でも一つひとつのプレーを深く考えていないということだった。

漠然とプレーしてはいけないと、小松は指摘したのだ。それからは、周囲の選手にも「自分

立川理道と握手を交わす天理大学の小松監督（2012年）

はこう考えて動くので、こう動いてください」と声をかけるようになった。一段階、成長できた試合だった。

関西リーグの開幕戦は10月5日、東大阪市の花園ラグビー場の第2グラウンドで行われた。相手は京都産業大学だった。控え選手も含めた22人中、1年生は7人。井上大介と立川理道は、9番と10番を付けて、ゲームをコントロールするハーフ団を組んだ。結果は27－8の勝利。2年生の立川直道も背番号2で出場しており、理道は1トライ、2ゴール、1ペナルティーゴールの計12点をあげた。

結局、このシーズンの天理大学は4勝3敗の第3位に終わった。

「立川は、よく前に出られる選手ではあります。天理高校から来た選手以外で、自然に前に出られる選手はいません。スタンドオフの位置で前に出ると、ディフェンスとの間合いが詰まってしまうので、（指導者から）下がるように指示されることが多いからです。立川は前に出ながらプレーすることができていましたね」

小松監督が立川の特長として挙げるのは、「パスがうまく、ミスしない」ということだった。大学2年生のころ、あるトップチームの関係者から「立川はボールをパスした後、歩いている。ディフェンスができない」という言葉を聞いた。しかし小松は、立川の責任感あるプレーを見ていたし、関係者のなかにそんなイメージがあるのかと、少し驚いた。

「確かに、ディフェンスはそれほど得意ではなかったと思います。でも、大学3年、4年では良くなった。あのころの立川のディフェンスは、責任感で行っていた気がします。狙いすましてハードタックルをするというよりも、味方のディフェンスが破られそうなとき、危ないなと思ったときの一歩がものすごく速かった。勝手に体が反応して、止めに行っている感じでしたね」（小松）

２００９年春、立川は20歳以下の日本代表に選出された。その年の6月、20歳以下の世界大会である「ジュニア・ワールド・チャンピオンシップ」（現ワールドラグビーU20チャンピオンシップ）が日本で開催された。

参加したのは、優勝候補筆頭のニュージーランド、南アフリカほか世界トップの16チーム。

日本で初めて開催される本格的な世界大会で、U20日本代表には大きな期待が集まった。メンバーには、立川の幼いころからのライバルである帝京大学のスタンドオフ森田佳寿《よしかず》（現・東芝ブレイブルーパス）、東海大学のロック安井龍太《やすいりゅうた》（現・神戸製鋼コベルコスティーラーズ）、関東学院大学のプロップ稲垣啓太《いながきけいた》（現・パナソニックワイルドナイツ）らが含まれていた。U20日本代表は、イングランド、サモア、スコットランドと同じプールBに所属した。

健闘むなしく、予選プールで全敗。順位決定戦でイタリアに敗れるも、ウルグアイに勝利し15位で大会を終えるのだが、立川理道は、森田の怪我もあり、第1戦のイングランド戦に途中出場した以外は、すべて先発の10番としてチームを牽引《けんいん》した。

「すごく調子が良くて、手応えのあるパフォーマンスができました。自信を持って、秋の国内シーズンに臨むことができました」

天理大学も着々と力をつけ、前年は大敗した筑波大学との定期戦にも勝利。「速いリアクションができて、ディフェンスで粘れるようになってきた」と小松監督も選手を称《たた》えた。

1975年以来の関西大学Aリーグ制覇は目前にあった。開幕戦（10月4日）の大阪産業大学戦は、61－31と大味なゲームになったが、危なげなく勝利。続く京都産業大学戦は52－0という大勝。立川もスタンドオフとして2試合連続フル出場を果たした。しかし、好事魔多し。第3戦の摂南大学戦の後半に悪夢が襲う。

センターで出場していた立川は、相手ナンバー8のイオンギ・シオエリ（現・NTTドコモレッドハリケーンズ）のタックルをかわそうとしてステップを切った際に、右膝《ひざ》の前十字靭帯《ぜんじんたい》を断裂する大怪我を負う。全く相手とコンタクトしない、自損の怪我だった。

「痛かったのですが、最初は大きな怪我だとは思わなかったんです。精密検査を受け、手術が必要で、翌年の夏まで復帰は難しいと分かったときはショックでしたね。チームの調子も良かったし、どうしても戦線離脱したくなかったからです」

手術は、12月2日の20歳の誕生日、堺市にある大阪労災病院で行われた。

「バースデー・オペです！」

立川は窮地にも明るさを失わない。手術は成功し、約1カ月間の入院ののち退院。大学でリハビリを続けながら、病院に通う生活が始まった。

初めて車椅子《いす》に乗り、松葉杖《づえ》を突き、一人でトイレに行くのも難しい状況を経験した。ふと、子供のころから親に何度も言われた「健康感謝」という言葉が浮かんだ。

「その言葉の意味を思い知りました」

健康感謝とは、天理教の教えに基づく言葉だという。人間の体は、親神様からの借り物で、そのことに日ごろから感謝して、世の中のために、人だすけのために使うことを教えられている。両親からは「健康でいられるのは当たり前のことではない。怪我をしたときに健康に感謝するのは当たり前で、健康な時から感謝しなくてはいけない」と教え込まれてきた。

その意味を心の底から理解し、立川は復活に向けてリハビリに励んだ。

「僕はこの先もラグビーで生きていく。完全に治して、ラグビーに戻ろう」

このシーズン、天理大学は関西大学Aリーグ第2位に終わり、あと一歩で優勝を逃した。

理想のリーダーシップ

2010年度、小松監督は立川直道をキャプテンに指名した。
「リーダーシップとは、こういうものかと感じたのは、大学3年生のときです」（理道）
この年、天理大学の戦力はさらに充実していた。前年、関西リーグ第2位となり、全国大学選手権で2回戦進出を果たした主力のうち、キャプテンの直道、プレーメイカーの理道、センターのアイセア・ハベアに加え、日本航空石川からハベアの後輩であり、U20日本代表のセンター、トニシオ・バイフが加入。大学ラグビーでは最強のフロントスリー（※スタンドオフ、両センター）が揃うことになった。理道の怪我はまだ治っていなかったが、大学選手権の上位を本気で狙える戦力だと思い、リハビリに励んだ。
直道がキャプテンになる前には、改造バイクでグラウンドに通ってくる選手もいたし、たばこを吸っている選手もいた。直道は当初「ここは、俺がラグビーをやるところじゃない」とも思った。しかし、小松監督の指導は理論的で優れている。1試合を2、3時間かけてひもといていくミーティングでは、毎回「ここまで考えてラグビーをしなくてはいけないんだ」と思わされた。その指導は受け続けたい。それは本音だった。

小松監督は、選手に強制するのではなく、気づくのを待つタイプの指導者だ。直道は、大学3年生で初めて寮に入る。現在は全寮制だが、当時は部員の半分ほどしか寮に入っていなかった。直道も大学2年生まで天理高校の寮に住んでいた。高校の武田監督から「食事は出すから、高校生の面倒を見てほしい」と寮長を頼まれたのだ。高校時代に寮の雰囲気を変えきれていないという思いもあった。直道は大学1年生ながら寮に住み込み、高校3年生の理道ほか、高校生たちと親交を深めていく。それがのちに、大学でチームをまとめるときに少なからず役立つことになる。

「大学の寮に入ってくれ」と頼んだのは小松監督だった。最初は嫌がった直道だが、「好きにしていいから」と言われて入寮する。3年生で寮に入ると、自分より下の学年の選手には、掃除をしっかりするなど、寮内でも規律を守るように注意を始める。理解してくれない4年生とは距離を置くことになった。それは勇気のいることだが、直道に妥協する気は毛頭なかった。

「ハルは、2年生の春に20歳以下の日本代表に参加して、逞《たくま》しくなって帰ってきましたね。シーズンに入っても調子は良かったのですが、怪我をしてしまった。そして、さらに大きくなって帰ってきたのが、3年生の夏でした。試合を外から見ていたのが良かったと思いますが、よく考えてプレーするようになったし、頼りになりました」（直道）

直道はキャプテンとして、さらに部の雰囲気を変えていく。

「3年生の大学選手権で東海大学に負けて、そのときに、東海大の選手にどんなことをしているのかを聞きました。朝練習のことや食事のことを聞いて、あれほど才能あるメンバーが、これほどの努力をしているのなら、我々に勝てるはずはないと感じました。キャプテンに指名され、小松監督と話をしたときに、『朝練習をやりたいと思っている』と言われて、『それ、僕もやろうと思っていたんです』と、意見が一致しました。小松監督も、東海大の木村季由《ひでゆき》監督といろいろ話して情報を得ていたようです」

早朝練習の準備が始まった。時間的に授業に行けるかどうか、どのコースを走るかなどシミュレーションしていく。だが、ほかのメンバーの反発は凄《すさ》まじかった。

「意味はあるのか」「授業に行けなくなる」「授業中、眠くなる」「なぜ、3食をみんなと食べなければいけないのか」などなど、反対意見が続出した。

しかし直道は、ひるむことなく改革を進めた。

「個人で栄養管理ができるのか？　必ず結果は出るから」

そう説得しても、すべての選手が納得してくれたわけではない。ただ、1学年下は理解を示してついてきてくれた。

最初は無理やりだったが、朝が早いので、みんな夜は早く眠るようになり、トレーニングと栄養摂取で体も大きくなって、結果が出始めた。するとと部員たちのほうから、さらに練習量を増やそうという意見が出てきた。軌道に乗り始めたのである。

理道は言う。

「僕の理想のキャプテン像は兄貴しかいません。そのコピーです、僕は。兄は自分にも厳しいから、みんなついていく」

井上大介も、直道に厚い信頼を置く後輩の一人だ。

「直道さんは理論立てて話すから、言い訳は通用しません。でも、決して堅物ではない。みんなとふざけ合うこともあるし、余興は知恵を絞って全力でやりますよ」

直道率いる天理大学の強さは際立っていた。関西大学Aリーグでは、ワンランク上のラグビーを展開。開幕戦（10月10日）では京都産業大学を54－14と下し、スタンドオフで先発した理道が自在にチームを操った。この試合も含め、リーグ7試合で419得点。1試合平均59得点という圧倒的な強さだった。天理大学が関西大学Aリーグを制覇したのは、実に35年ぶりだった。

監督生活16年目の小松節夫監督は、Cリーグからの苦難の道のりを振り返り、「弱い時代に頑張ってくれた先輩たちが、一つひとつ積み重ねてきた結果です。こういう日を迎えられて嬉《うれ》しい」と目を潤ませた。

この年の関西リーグの2位以下は大混戦で、創部百周年を迎えた記念の年だった同志社大学が第7位となり、史上初の入替戦出場となった。

勢いづく天理大学は、12月26日、前年の大学選手権で敗れた東海大学と再び相まみえる。

昨年の対戦後、さまざまな情報を与えてくれ、天理大学ラグビー部の改革にひと役買った東海大は、自分たちの進歩を測るうえで願ってもない対戦相手だった。しかし、わずか1年で急速に差を詰めるのは難しかった。前半こそ0－5と1トライ差に食らいついたが、最終的には6－27で完敗している。それでもスコアは、前年の12－53から大幅に縮まり、前年と比べれば体力面でも互角に戦えた。敗れはしたが、1年間の取り組みが間違いではないと感じることができた。日本一になるためには、ここまでの努力は当たり前で、その先に何かを付け加えなければならないと確認できる試合だった。

東海大に敗れた後、直道は精根尽き果てた表情でグラウンドを後にした。足を引きずっているようにも見えた。報道陣の取材に応じ、「後輩たちが関東を倒してくれることを期待しています」と淡々と語った。

大学最後のシーズン

翌シーズン、理道はキャプテンに指名された。天理高校時代と同じく、直道の後を継いだ。

直道は、小松監督から理道をキャプテンにしたいという話を聞いたとき、危惧《きぐ》を抱いた。

「僕みたいに、がんがん意見を言って引っ張るタイプではないし、もしかすると別の選手のほうがいいのではないですか、と小松監督には話しました。でも、理道みたいにプレーで引っ張るタイプがいてもいい。ごく自然に、キャプテンに選ばれた気がします」

このキャプテン指名は、フランクな形で行われている。3年生のシーズンが終わって、すぐのことだ。理道が大学のグラウンドへ自主練習に行くと、ちょうど天理高校が試合していて、小松監督もそれを見ていた。

「こんにちは」

「おまえ、来年、キャプテンやるから」

「それ、いま言いますか（笑）。はい、分かりました」

「副キャプテンは、おまえが決めていいから。また連絡して」

理道の気持ちのなかでは、覚悟がないわけではなかったが、同期の田村玲一《たむられいいち》（現・クボタスピアーズ）がキャプテンになると思っていたので、意表をつかれた。

「兄がいい文化をつくってくれたので、それを残しながら、自分たちなりの文化をつくっていきたいと思いました」

このシーズンも、天理大学は春から快進撃を続けた。春のオープン戦は6戦全勝。8月の菅平高原《すがだいら》（長野県上田市）での夏合宿では、練習試合で明治大学を29－28で破り、早稲田大学には33－36と惜しくも敗れたが、前評判の高さを証明した。

チームの看板は、10番・立川理道、12番・アイセア・ハベア、13番・トニシオ・バイフ（現・神戸製鋼コベルコスティーラーズ）というバックスのフロントスリーだった。立川の正確なパスに、ハベアとバイフが走り込む攻撃には迫力があった。このほか、スピード抜群のフルバック塚本健太《つかもとけんた》（現・サントリーサンゴリアス）、突破力あるナンバー8山路和希《やまじかずき》（現・ヤマハ発動機ジュビロ）、ロック田村玲一など好選手が揃っていた。

関西大学Aリーグ開幕前、立川キャプテンは「まずは一試合一試合を大事に戦っていきます。関西リーグを戦いながら、うまくなっていければ」と話した。

このころの立川理道は、部員の絶大なる信頼を得ていた。口数が多いほうではなかったが、体を張ってチームを牽引していく。

小松監督は、日々成長する理道を頼もしく見ていた。

「4年生の最後は、ランが良くなっていましたね。走り込む隙間《すきま》を見つけるのがうまくなりました。フィジカルも強くなり、その強さを生かしながら〝抜けるコツ〟を覚えたのでしょう。おそらく、内側から来る相手のディフェンダーが見えるようになったのだと思います。立川の外側にパワフルなハベアがいるので、ディフェンス側はどうしてもハベアを気にして、そちらへ顔を向けてしまう。そういうときに、よく抜けていましたね」

理道が全国的に知られるようになったのは、キャプテンとして迎えた２０１１年度の全国大学選手権だ。

大学選手権に入っての天理大学は胸のすくトライを連発した。１回戦（12月18日）で法政大学から7トライを奪って快勝（39－19）すると、２回戦は、慶應義塾大学と対戦する。試合前、小松監督が珍しく厳しい声をかけたことで、「チーム全体に緊張感が走った」（理道）。この試合での立川理道は、相手にマークされながらも周囲の選手を生かして相手ディフェンスを切り崩し、自らも逆転トライをあげる活躍で、32－15と勝利した。

準決勝の相手は関東学院大学。天理大学が国立競技場に登場するのは、27年ぶりのことだ。対する関東学院大も5年ぶりの国立だった。

この試合でも、天理大学の誇るフロントスリーの攻撃力が爆発する。立川、ハベア、バイフが縦に横にボールを動かし、ウイング宮前勇規《みやまえゆうき》（現・ＮＥＣグリーンロケッツ）、木村和也《かずや》を走らせる。立川は8トライ中7トライに絡む活躍で、関東のラグビーファンを驚かせた。スコアは42－17。堂々たる勝利だった。

2012年1月8日、天理大学は3連覇を狙う帝京大学に挑むことになった。

「おそらく、ほとんどの人は帝京が勝つと思っている。一発、番狂わせを起こしてやろう」

それが立川はじめ選手たちの気持ちだった。端的に表現すれば、パワーの帝京とスピードの天理、という図式だが、互いにラグビー理解度は高く、質の高い試合になった。帝京の強力なモール攻撃を分断し、判断良くボールを奪う天理。天理のフラットパスによる攻撃に、何度も第一線の防御を破られながらも、勤勉なカバーディフェンスで最後の一線を越えさせない帝京。緊迫感ある攻防に、1万4千人の観衆は大いに沸いた。

個々の戦いにも見どころがあった。立川が相手ディフェンスの裏に抜け出すと、帝京のセンター南橋直哉が背後から好タックルを決める。この日の両チームの10、12、13番は、全員が20歳以下の日本代表経験者で、お互い絶対に負けられないという意地もあった。

帝京の鉄壁のディフェンスを、小松監督は半ば感心しながら見ていたという。天理のフラットパスによる攻撃は、ライン全体が前に出るため、抜け出したときに相手のカバーディフェンスが届かないという利点がある。それなのに、帝京はしつこく戻ってくるのだ。

「帝京は、ロックのティモシー・ボンド、スクラムハーフの滑川剛人が密集は無視して、カバーディフェンスに走っていました。多くのチームは、ディフェンスで前に出ると後ろがいなく

大学選手権決勝、帝京大戦で突進する立川理道（2012年）

なる。帝京は前にも出てくるのに、後ろにも必死に戻っていた。大したものです」

白熱の攻防は、後半31分、天理が宮前のトライで12－12の同点に追いつく。両チーム追加点を奪えぬまま時間は経過し、そのまま両校優勝という可能性もあった。しかし、天理は単独の頂点を目指し、自陣からも攻めた。

「いい流れだったし、攻めれば行けるという気持ちがみんなにありました」（理道）

何度かボールを継続したところで、レフリーの笛が鳴る。天理の選手が倒れたまま、手を使ったというペナルティーだった。

「反則を取られても仕方のないプレーでした」

少年時代から奈良県内で理道としのぎを削ってきた森田佳寿に、ペナルティーゴールを決められ、天理大学は12－15で敗れた。立川兄弟をリーダーにチームを改革し、関西大学Aリーグを35年ぶりに制し、27年ぶりに大学ベスト4進出と、次々に歴史をつくり、最後は王者を追い詰めた。

胸を張っていい敗戦だが、立川理道は、ただただ悔しかった。チームメイトも同じ気持ちだったろう。それこそが、天理大学というチームの成長の証《あかし》だった。

リスペクト

相田真治《あいだしんじ》レフリーのノーサイドのホイッスルが高らかに鳴り響く。最初に駆け寄り、握手を求めたのは立川理道だった。そして、帝京の森田キャプテンと健闘をたたえ合った。

このシーンに、兄の誠道（現・日本協会公認A1級レフリー）は感銘を受けた。

「多くのチームは、おそらく最後の相田レフリーの判定に不満をもらすだろうと思います。でも理道は、すぐに相田レフリーに握手を求めました。ああいう幕切れのときは、レフリー自身も判定について気にするものです。相田さんも反則を取りたくなくて、前もって声をかけていた。でも反則は反則です。理道は、不満な表情を見せずに握手を求めていました。レフリーも内心、救われたと思います。弟ながら、いいキャプテンだと感動したし、尊敬しました」

理道は高校時代にキャプテンを務めてから、いつの試合でも、味方選手と握手する前に、レフリーと相手チームの選手と握手するように心がけている。レフリーがいて、相手チームがいてくれるからラグビーができることに感謝するためだ。理道はどんな試合でも、判定で負けたと思うことはない。この決勝戦も、彼にとっては自然な行動だった。

「レフリーに最初に行くのは、直道がキャプテンのとき、そうしているのを見習ったものです。兄（誠道）がレフリーをしているのも影響しているかもしれません。レフリーに文句を言うのは、チームのためになりません。判定に疑問があるときは、なぜ反則だったのか、どうすれば反則にならないのかを考えるようにしています」

この試合を、好感を持って見ている人物がいた。２０１２年春から本格的に日本代表の指揮を執ることになっていたエディー・ジョーンズである。

「シーズンを通して、一番いいラグビーをしていたのは天理大学でしょう」

この日、立川理道は、スタンドオフとして右に左に正確で距離のあるパスを投げ分け、自ら何度もディフェンスラインを突破した。そして〝エディー・ジャパン〟の最初のメンバーに名を連ねることになる。

立川がエディー・ジャパンに選ばれ、定着していった理由について、天理大学の小松節夫監督は、こんな解釈をしている。

「U20日本代表に行くなど、ユースレベルから代表チームに選ばれたので、段階的に上がっていってほしいと思っていました。最初に見たときは、10年に一人の逸材とは思えなかったのですが、チームをつくるうえでは欠かせない存在でした。エディーさんのラグビーに合ったのではないでしょうか。日本人に合うラグビースタイルを考えるときに、そこで起用するスタンドオフには、キャッチングとパスのうまさが必要だったと思います。立川は、その信頼を勝ち取っていったのだと思いますね」

クボタスピアーズ

卒業後の進路については、多くのチームから声がかかった。熱心だったのはトヨタ自動車ヴェルブリッツだ。同チームに内定していた、帝京大学の同学年の滑川剛人からも「一緒にやろう」と声をかけられた。実は、理道は子供のころ、トヨタのファンだったのだ。

小学4年生のころのクラスの文集には、こんな一節がある。

「僕の夢は、トヨタ自動車ヴェルブリッツでレギュラーです。僕は廣瀬《ひろせ》選手にあこがれています」

廣瀬とは、スタンドオフとして正確無比なプレースキックを誇った廣瀬佳司《けいじ》のことだ。理道が大学4年生のとき、廣瀬はトヨタ自動車のコーチを務めていた。その廣瀬からも直々に勧誘の声がかかった。迷わないはずがない。

父・理にも、さまざまな企業からアプローチがあったが、できる限り会うことはしなかった。

「息子が決めればいいこと。親の出る幕ではありません。ただ、なかなか決めないので、迷惑がかかるから、早く決めろ、とは言いました」

理道は最後の選択肢として、クボタスピアーズかトヨタ自動車に絞った。トヨタ自動車ヴェルブリッツは、トップリーグのベスト4の常連だ。一方のクボタスピアーズは当時、下部リーグのトップイーストにいた。クボタのラグビー部は、２００３年のトップリーグ発足時から参戦し、オーストラリア代表の名選手だったトウタイ・ケフを獲得するなど中堅チームとして独特の存在感を放っていたが、２０１０年度は第13位と低迷。リーグの規定で自動降格となり、２０１１年度はトップイーストから昇格する機会をうかがっていた。

大学ラグビー界きっての実力者である立川理道が選ぶのは、トヨタ自動車ではないか。誰もが、そう思っていた。

一年早くクボタに入社していた直道は、「俺らが一年で上げるから、おまえも来い」と誘った。

「本当は、自分が勝ちたかったから、理道に来てほしかったのです」と打ち明ける。

バックスのなかでも、10番のスタンドオフ、12番のセンターは、「インサイドバックス」と呼ばれる。フォワードが獲得したボールを、どのような攻撃につなげるのか、判断するポジションだ。直道は、インサイドバックスとしての理道の能力を高く評価する。

「インサイドの選手で、あれだけ体を張れる選手はいないと思っていました。パスやキックがうまい選手はいますが、加えて体も張れる選手は少ないのです」

望めばトップリーグの優勝を狙えるチームに入団できるにもかかわらず、立川理道はクボタを選択する。本人にとっては熟慮した末の決断だった。

「自分が入ってチームが変わっていく喜びを、大学のときに感じました。それを社会人でも味わいたかったのです。同期の井上大介、田村玲一もクボタ入りを決めていましたし、会社のラグビー部へのサポートもしっかりしている。何より、自分を必要としてくれていることを感じました。それと、やはり兄の直道が前年に入社していたのが大きかったですね。両親からは『直道と同じチームに行ってくれたら安心だし、応援するのも助かる』という言葉もありました。両親は何げなく言ったのでしょうが、この言葉は決断するうえで大きな要因になりました」

先にクボタ入りを決めていた井上大介は、チームが理道のことを誘っているのは知っていたが、トヨタを選ぶだろうと思っていた。しかし、直道から「ハルに声をかけてみてくれ」と言われ、理道と酒を酌み交わしたことがある。

そのときは、やんちゃ坊主のガラにもなく「一緒にやろうや」と言ってみた。理道は、「うそやろ！」と苦笑いで応えた。

クボタ入りを決めたとき、理道はすぐに井上大介へ電話した。

「クボタ、行くわ」

酒の席で少し酔っていた井上は言った。

「おまえ、俺がおるから来るんやろ！」

からかうような言葉に、ハルはすぐに電話を切った。しかし井上にとって、それは精いっぱいの歓迎の言葉だった。

「そりゃ、嬉しかったですよ。でも、ハルとまた一緒にできるのか！　なんて言葉は、言えないじゃないですか」

２０１２年春、クボタスピアーズは新体制へと移行した。降格後、一年での再昇格を目指していたが、他チームとの得失点差という不運な形で昇格することができず、首脳陣が刷新されたのだ。

監督には、東京の目黒高校、専修大学出身で、１９９２年から２００３年度までロックとして活躍した石倉俊二《しゅんじ》が就任し、２００４年から０９年度までクボタでプレーしたトウタイ・ケフ（元オーストラリア代表・ナンバー８）がヘッドコーチとなった。

石倉監督は、現役引退後に2年間コーチを務めたのち、社業に専念していた。その間も千葉県内のラグビースクールなどで指導を続けていたが、7年ぶりの現場復帰だった。

新入部員のなかに、全チームからオファーを受けるような有名選手がいるという情報は知らされていた。

しかし立川理道は、すでに日本代表に選出されていた。エディー・ジョーンズ体制が始動した時期でもあり、立川はほとんどチームの活動に参加できなかった。ときどき帰ってきてあいさつを交わす程度だったが、石倉は立川に好印象を持った。

「コミュニケーションスキルのレベルが、ほかの選手と違いました。僕にも物おじせずに言葉を投げかけてくる。最初から明るい表情であいさつしてくれましたし、夏ごろには、僕のあだ名の『いしくん』と呼ぶような勢いでしたね（笑）」

国内シーズン前の夏合宿の練習試合でもプレーし、石倉監督も納得するプレーを見せたが、石倉監督は「まだまだ伸びる選手だと感じました」と当時を振り返る。

パスの速さ、正確さ、コンタクトの強さ、防御の穴を見つけて抜け出すスピード。何もかもが別格の存在感だった。そして、誰よりもタフで明るいのだ。

「ラグビーが大好きなのでしょうね。練習は絶対に休まないんですよ」

日本代表の活動から戻り、コーチ陣がコンディションを気づかって休むように指示しても、すぐに練習を始めてしまう。少々の怪我では絶対に休まない。それはラグビー選手が成長するうえで大切な資質だった。

「理道がいるから、ということで周囲の選手も明るくなる。最初からキャプテンにしたいような選手でした」

2012年度のトップイーストでのクボタスピアーズは、当然のごとく快進撃を続けた。次年度のトップリーグでの戦いも考慮し、石倉監督とケフヘッドコーチは多くの選手にチャンスを与えたが、日本代表戦で不在の期間以外は、ほとんどの試合で立川を先発させた。

「この選手の能力は、こんなものじゃない。どんどん試合を経験させましょう」

そう言ったのはケフだった。ケフはエディー・ジョーンズを師と仰いでおり、立川の起用法や練習方法についてもエディーとディスカッションしていた。

石倉は、監督在任中の4年間、よく立川の個人練習に付き合った。

「監督、キックの練習をするので、付き合ってください」

理道のプレースキックの練習のボール拾いをするのが、石倉監督の日課のようになっていた。

クボタスピアーズは2013年度、トップリーグ再昇格を果たした。このシーズン、トップリーグは史上初めて2ステージ制を採用した。参加16チームを8チームずつに分けての総当たり戦を「ファーストステージ」とし、それぞれの上位4チームずつ、下位4チームずつのリーグを「セカンドステージ」として順位を争った。

立川理道にとって初めてのトップリーグ。開幕戦の相手は、清宮克幸《きよみやかつゆき》監督率いるヤマハ発動機ジュビロだった。8月31日、大阪・長居《ながい》のキンチョウスタジアムでの戦いは、開始1分、クボタがフィナウ・フィリペサーリのトライで先制するなど健闘したが、後半は引き離され、28－38で敗れた。

試合後、立川は次のようなコメントを残している。

「トップリーグの洗礼を受けました。敗因は自分たちのミス。うちはバタバタしてしまった。試合中に、みんなが同じ方向を向かないといけない」

2戦目の近鉄ライナーズ戦（9月7日、秩父宮ラグビー場）は22－17で勝利。立川理道はセンターで先発したが、後半はスタンドオフに入り、スクラムハーフ井上大介と息の合ったコンビネーションで近鉄を翻弄《ほんろう》した。また兄の直道も、後半14分に出場し、トップリーグで初めて立川兄弟が揃い踏み。翌週の東芝ブレイブルーパス戦は、20－22という惜敗だったが、クボタはトップリーグで十分に戦える手応えをつかんだ。最終的にこのシーズンは、下位グループの第1位となり、まずまずの戦績でシーズンを終えている。

プロ選手として

現在のトップリーグには、プロ選手と社員選手が混在している。企業スポーツとして成り立っているトップリーグは、会社と選手が雇用契約を結んでいることが出場の条件となっているが、その契約が、正社員として働きながらラグビーをする選手と、職場を持たず、主にラグビーをする選手とに分かれている。後者が、便宜《べんぎ》上「プロ選手」と呼ばれている。

立川理道は正社員として入社し、パイプシステム部へ配属され、その後、総務部へ異動した。どちらかといえば、プロ志向の強い立川を諭したのは石倉監督だった。

「僕は社員のほうがいい、という考え方を持っています。理道にも、社員で頑張ってほしいと話をしてきました。そのほうが社員は応援してくれるし、もし怪我をしても、会社で仕事を続けていける。焦ってプロになる必要はない、と言い続けてきました」

しかし現実的には、日本代表での遠征や合宿で職場を空けなくてはならず、立川自身も職場に対して申し訳ないという気持ちがあった。さらに、将来もラグビーに深く関わりたい立川にとっては、いま体が動くこの時期に、ラグビーのために多くの時間を費やしたいという思いが強かった。その熱い思いを聞いた石倉監督は、これ以上止める必要はないと判断し、2016年春、立川は晴れてプロ選手となった。

「実際には、プロのような生活をしていたのですが、ラグビーで生きていくんだと覚悟を決めました」

石倉は監督生活4年目を終え、立川がプロになる前に退任した。監督在任中の立川は、常に全力プレーでチームを支えてくれた。理道の活躍で勝った試合は数知れない。だから、立川に対する負の印象はほとんどない。だからこそ唯一、理道がダメだった試合のことは強く印象に残っている。

2014年のシーズンは、NECグリーンロケッツ、パナソニックワイルドナイツに連敗スタートするも、第3節で東芝ブレイブルーパスに勝利（9月6日、秩父宮ラグビー場、23－18）。第4節ではNTTコミュニケーションズに29－27で連勝。最後の決勝ペナルティーゴールを決めたのは立川だった。第5節では、ヤマハ発動機ジュビロと28－28の引き分け。立川は4トライ後のゴールキックをすべて成功させるなど上り調子で、第6節の豊田自動織機《しょっき》シャトルズ戦（10月11日、盛岡南公園球技場）を迎えた。

当日は強風が吹き荒れており、前半は7－6の1点差でクボタがリードする僅差《きんさ》勝負となった。後半に入ると、立川は「自分でなんとかしなければ」と思い詰めたかのように突進を繰返し、全くパスをしなくなった。

「頭が真っ白になったのかもしれませんね。あんなことは珍しいので印象に残っています」（石倉）

最終的には、24－29で敗れた。

「なんとかしないといけない。チームを勢いづけないといけない。そればかり考えていて。僕の悪いところなんですよ。あのころは過信もあったと思います。自分ならなんとかできると思ってプレーしているのですが、そういう考え方は、チームにとっていいことはないですよね。

インターナショナルレベルでプレーすることが多くなって、一人で頑張ることは減りましたけれど」（理道）

それしか悪い印象の試合がないという証言が、逆に立川の安定感を際立たせる。石倉は2016年4月から博多の支社へ転勤になった。

立川とは、いまもメールでメッセージを送り合う仲だ。

クボタスピアーズの公式戦は天理・親里ラグビー場でも開催された（2014年）

「W杯から帰ってきたときの職場でのあいさつや、プロになるときのあいさつは立派でしたよ。大人になりましたね。W杯で活躍する姿を見るのは本当に嬉しかったし、忙しいと思いながらもメールを送ると、必ず返信してくれます。九州の地震のときにも、『大丈夫ですか？』とメールをくれました」

石倉は、2019年のW杯に臨む日本代表のリーダーとして立川に期待する。

「すでにリーダーになっていますが、もっと成長できる選手だと思っていますし、サンウルブズ以外のスーパーラグビーのチームでも活躍してほしいな、とも思います。まあ、サンウルブズが理道のことを離さないでしょうけどね（笑）」

クボタスピアーズには、2016年春、南アフリカから名将がやって来た。スーパーラグビーのブルズというチームを8年間にわたって率い、2度の優勝を成し遂げ、スーパーラグビー歴代最多の149試合で指揮を執ったフラン・ルディケだ。心機一転、クボタがどこまで順位を上げるのか。そのなかで、立川理道はどう機能するのか。楽しみは尽きない。

第４章
栄光と挫折

エディー・ジョーンズ

理道が日本代表を意識したのは大学4年生からだという。4年生で日本A代表（※日本代表の次のレベル）に選ばれ、6月のニュージーランド遠征に参加した。このとき立川は、ほとんど試合に出られなかった。試合に出るのは、のちに日本代表でチームメイトとなる小野晃征《おのこうせい》（現・サントリーサンゴリアス）ばかり。先発は1試合のみで、3試合で60分ほどしかプレーできなかった。

やまのベラグビー教室で楕円球《だえんきゅう》に出会ってから、怪我《けが》以外の理由で試合に出られないのは初めてだった。

「このままでは社会人ラグビーに行っても通用しない」

そう思い知らされたが、そのときは、出られない理由を環境のせいにしていた。

「練習時間が短すぎてアピールできない」「小野さんはニュージーランドで育ったからチャンスを与えられている」などなど、自分にベクトルを向けることができなかった。悶々《もんもん》とする時間が過ぎた。

考え直すきっかけを与えてくれたのは、一緒に遠征していた麻田一平《あさだいっぺい》だった。大阪工大高校、法政大学、トヨタ自動車ヴェルブリッツと歩んだベテランのスクラムハーフである。麻田は、表情のすぐれない理道に言葉をかけた。

「ハルは、これまで試合に出られないという経験をしていないだろうけど、そういうことを感じて成長することも大事やぞ」

環境のせいにして自分を顧みないままでは、結果として自分に返ってくるものはすごく少ないのだと、理道は感じた。もっと自分に矢印を向けないと成長しない。麻田のアドバイスもあり、気持ちの面では勉強になる遠征だった。

その年（２０１１年）の秋、第７回のラグビーワールドカップがニュージーランドで開催された。スタンドオフで選出されたのは、立川でも小野でもなく、ニュージーランド人のジェームス・アレジ、マリー・ウィリアムスだった。

苦戦する日本代表の試合をテレビで見ながら、心から悔しく思った。

「この日本代表に入りたい。あの場所で活躍したい！」


世界的名将であるエディー・ジョーンズが代表ヘッドコーチに就任したのは、２０１２年春のことだ。ジョーンズヘッドコーチは１９６０年、オーストラリアで生まれた。現役時代は、シドニーの名門ランドウィッククラブでスクラム最前列のフッカーとしてプレーした。

１７０センチ台の身長で、オーストラリアのトップクラブのフッカーを務める。それだけで闘志満々のプレーが想像できる。大学卒業後は体育教師になり、高校の校長を務めたのち、36歳でプロのラグビーコーチに転身する。

日系人の母と日本人の妻を持っていたこともあって、日本との縁は深く、東海大学、サントリーサンゴリアスなどでプロコーチとしてのキャリアを積んだ。その後は南半球最高峰のプロリーグ、スーパーラグビーのブランビーズでヘッドコーチを務め（1997～2001）、01年シーズンには、オーストラリアのチームとして初めてスーパーラグビーで優勝を成し遂げる。03年のW杯では、オーストラリア代表を率いて準優勝。07年W杯では、南アフリカ代表のテクニカルアドバイザーとして優勝を飾る。W杯では13勝1敗という世界屈指のコーチだった。

日本のトップリーグでも、サントリーを率いて優勝し、満を持しての日本代表ヘッドコーチ就任だった。

「サントリーはアタッキングラグビーで、天理でやっていたような、ボールをどんどん動かして攻撃していくスタイルでした。ずっと見ていたし、エディーさんのラグビーに、僕は合うだろうと思っていました」（理道）

そう思いながらも、実際に選ばれたときは素直に嬉《うれ》しかった。高校日本代表にも選ばれず、20歳以下の日本代表の候補になっても、最初は落選した。日本A代表でもいいパフォーマンスができず、２０１１年のＷ杯のメンバーに入ることは叶《かな》わなかった。

「代表には縁がないのかな」

そんな気持ちを抱いていたからこそ、心の底から嬉しかった。ついに世界へ羽ばたくチャンスが巡ってきたのだ。

ジョーンズヘッドコーチが最初に着手したことは、優れたリーダーを選ぶことだった。抜擢《ばってき》されたのは、２００７年から１１年度まで東芝ブレイブルーパスのキャプテンを務めた廣《ひろ》瀬《せ》俊《とし》朗《あき》である。大阪の北野高校から慶應義塾大学理工学部へ進んだ文武両道の選手だ。体格的に小さかったこともあって、前体制の日本代表に定着することはできなかったが、ジョーンズヘッドコーチは、そのリーダーシップを高く評価していた。

廣瀬は、ジョーンズヘッドコーチと話し合い、新生・日本代表の大義を「日本ラグビーの歴史を変える」とし、さまざまな取り組みを始めた。

ジョーンズヘッドコーチは「ジャパン・ウェイ」を掲げた。簡単に言えば、日本らしさ。世界一のフィットネス（体力）を身につけ、体格の不利を言い訳にしない体づくりをし、パスを多用した攻撃を構築していく。また、勝てなかった歴史を変えるため、選手たちのマインドセット（心構え）を変え、ウィニングカルチャー（勝つ文化）を築くため、ハードなトレーニングを課し、強豪国との試合を組みながら選手たちに自信を植えつけていった。

2013年6月、ヨーロッパの強豪ウェールズ代表が来日した。当時、イギリスとアイルランド共和国の代表チームである「ブリティッシュ&アイリッシュ・ライオンズ」がオーストラリアへ遠征しており、そこに参加する主力を抜いたチームでの来日ではあったが、スタンドオフのダン・ビガーほか、代表経験豊富な選手も多く、このチームに勝つことが歴史を変える第一歩と目されていた。

6月8日、東大阪市の花園ラグビー場は2万152人の大観衆で埋まった。4年ぶりとなる花園でのテストマッチ(※国代表同士の試合)に向け、関西ラグビー協会の坂田《さか た》好弘《よしひろ》会長は、協会の関係チームなどに「練習試合などの時間を調整して観戦に来るように」と呼びかけた。

これに応え、天理大学はもとより関西大学Aリーグの所属チームのほか、高校、中学、ラグビースクールなど、多くのラグビー選手と関係者が観客席を埋めた。

「あの観客の多さは嬉しかったですね。花園では何度も試合しましたが、あんなにいっぱい入っているのは初めて見ました」(立川理道)

五郎丸歩のペナルティーゴールで先制した日本代表は、ウェールズ代表と互角の好勝負を繰り広げ、2トライをあげたが、最終的には18-22で敗れる。

しかし、ラグビー界全体が日本代表を後押ししようとする空気をつくったのは、間違いなく花園の試合だった。感銘を受けたエディー・ジョーンズは試合後、坂田会長に「チームのことは任せてください」と声をかけた。それは、エディーなりの感謝の言葉だった。

花園の盛り上がりは東京へと伝わった。6月15日、東京・青山の秩父宮ラグビー場には、第1戦とほぼ同じ2万1062人の観衆が集まったのだ。

試合開始時間が近づくにつれ、客席が猛スピードで埋まっていく。メインスタンド側の入り口からバックスタンドへ向かう人の波は、飛び込めばのみ込まれそうな勢いだった。

「満員はいつだって嬉しい。このときも幸せを感じました」

立川理道は、第1戦に続いてスタンドオフとしてこの試合に出場し、自分自身でも「攻撃選択のミスが全くなかった」と言いきるゲームリードを見せた。

「集中すればするほど、視野が広くなった。不思議な経験でした」

日本代表の分析では、相手のスタンドオフ、ダン・ビガーはタックルが弱いとされていた。当然、立川はそこも突いた。時にはラン、スペースが見えればパスと、立川は満員の観客の前で躍動した。

「スペースもよく見えるし、激しくプレーできるけれど、頭は冷静でした」

終わってみれば、23－8という快勝だった。それは、ウェールズ代表との対戦13回目にしての初勝利だった。若手主体とはいえ、この時点でのウェールズの世界ランキングは第5位。日本代表の確かな成長が証明されたのだった。

勝利の瞬間、前キャプテンの菊谷崇《きくたにたかし》に抱き上げられ、満員の観衆に応えた廣瀬俊朗のガッツポーズは、日本ラグビー史に残る名シーンである。

ノーサイドの笛が鳴る場面では、立川が相手ボールを奪い、タッチラインをまたいだ。観客席はその瞬間、爆発的な歓声に包まれるのだが、立川は意外にも冷静だった。いつもの通り、まずはレフリーのところへ握手に行った。

2013年、日本代表としてウェールズ戦に臨む

「ウェールズがフォワードで来ることは分かっていたし、受けに回らないように、一線目のディフェンスを破られても、みんなよくカバーディフェンスをしていました。きょうは絶対に勝ちたいという気持ちが、一人目が外されても二人目がすぐにタックルに行く場面に表れていましたね」

この後も日本代表は着実に実績を

積み上げていくのだが、２０１４年春、ジョーンズヘッドコーチは非情ともいえる決断をする。キャプテンを、廣瀬からリーチ マイケルへと交代させたのだ。廣瀬には「君は、レギュラーで試合に出ることが難しくなった。今後は、レギュラーで試合に出られる選手にキャプテンをやってもらいたい」と告げた。

偶然だが、立川はこの夜、廣瀬と食事する約束をしていた。

「俺、キャプテン代わる」

「えーっ、（チームは）どうなるんですか？」

立川は動揺を隠せなかったが、「一番つらいのはトシさんだ」と思い、続く言葉をのみ込んだ。

「日本ラグビーのため、エディーさんのために戦ってはいましたが、僕個人は、廣瀬俊朗のため、というのもありました。2年間頑張れたのは、この人がキャプテンだったから。廣瀬さんに対する忠誠心があったのです。いろいろと相談にも乗ってもらったし、一緒に試合していても、頼りになる人ですから」

後任にリーチ マイケルがなることに不満はなかったが、廣瀬を失った後の自分の気持ちが少し心配だった。

廣瀬自身も自分がチームに残るべきか逡巡《しゅんじゅん》したのだが、結局はリーチをサポートするためにチームに残った。立川にとっても、それはありがたいことだった。

この決断が、2年後の快挙につながるのである。

オーストラリアでの苦悩

キャプテンの交代劇が行われた2014年春、立川は、スーパーラグビーの強豪チームの一つであるブランビーズでプレーする機会を得た。

スーパーラグビーとは、世界の3強国（ニュージーランド、オーストラリア、南アフリカ）から5チームずつのプロクラブが参加して、例年2月から8月にかけて行われるラグビーのプロリーグである（※2016年からは、南アフリカ、アルゼンチン、日本から各1チームが加わり、18チームによって行われている）。

オーストラリアのキャンベラに本拠地を置くブランビーズは、1996年の同リーグ発足年から参加し、2度の優勝と4度の準優勝という実績を誇る。かつては、エディー・ジョーンズも指揮を執っていた。2015年のW杯で好成績をあげるために、海外のクラブでプレーする選手を増やしたかったジョーンズヘッドコーチは、オーストラリアラグビー協会や各チームなどに働きかけ、日本代表選手がスーパーラグビーに挑戦できる環境づくりも整えていた。

立川は、所属先のクボタスピアーズから、春の間のみブランビーズでの挑戦を許された。

「正直言って（試合に出られる）自信はありました。2013年シーズンの日本代表での調子が良かったからです」

同年、日本代表での立川の活躍は目覚ましかった。チームの戦略を司《つかさど》るスタンドオフとして、的確な判断で味方を走らせ、過去、日本代表が一度も勝てなかったウェールズ代表に勝利し、続くカナダ、アメリカ代表戦でも勝利を挙げている。

もし、2014年に立川がスーパーラグビーで試合に出ることになれば、日本人選手としては、その前年にハイランダーズ（ニュージーランド）でプレーした田中史朗《ふみあき》、レベルズ（オーストラリア）でプレーした堀江翔太《しょうた》に続いて、3人目の快挙となるはずだった。

しかし現実は厳しかった。1月にチームへ合流し、プレシーズンマッチ3試合をこなした。個人としても、チームの一員としてのプレーにも手応えはあった。ところが、開幕戦のメンバーには選ばれなかった。

「なぜだろう?」

そんな思いを抱きながら、自身の結婚式のために一時帰国。再びオーストラリアへ渡ったのだが、いつまで経《た》っても出場機会は巡ってこない。日本代表では、厳しいトレーニングで自分を追い込みながら調整していた立川にとって、毎週試合が続くスーパーラグビーのトレーニングは勝手が違っていた。

「もう、どうしていいのか分からなくなりました。自分は信頼されていないし、試合には出してもらえないだろうと思うようになりました」

当初は、ブランビーズの若手選手と一緒に暮らしていたが、一人きりで日本のバラエティー番組の録画などを見ることが多くなった。

「日本のものに逃げていましたね」

そんな思いが、練習に取り組む態度にも表れる。エディー・ジョーンズヘッドコーチからメールが届いたのは、その矢先だった。

「何をしている。よく練習する選手だったのに、最近は個人練習も疎《おろそ》かになっていると、ブランビーズのスタッフから聞いているぞ」

その言葉で我《われ》に返った立川は、ブランビーズのヘッドコーチであるスティーブン・ラーカムに、自分は何をすべきかを聞き、練習にも真摯《しんし》に取り組んだ。それでも、同じセンターのポジションに負傷者が出たときでさえ、チャンスは訪れなかった。

「心が折れそうでした。自分の良さは何だったのかも、完全に見失っていました」

2、3、4月とブランビーズで挑戦する日々。3月からは結婚した絢子夫人も来てくれて、オーストラリアでの夫婦生活が始まった。時間があれば観光にも出かけた。妻がラグビーについて何も言わないのが救いだった。

5、6月は日本代表戦のために帰国し、イタリア代表から初勝利を挙げる試合でも活躍。心機一転、単身オーストラリアへ戻ったが、そのときには主力の負傷者も復帰しており、チャンスは完全に消えていた。ブランビーズでの挑戦は失意のまま終わった。

8月下旬から始まったトップリーグでも、調子はいま一つ上がらなかった。クボタスピアーズでは不動のレギュラーであり、試合には出続けた。ただ、どこかプレーがしっくりこない。自分はもっとできるはずなのに、という気持ちはぬぐえなかった。

「クボタの人たちに聞いても、客観的な評価は得られない気がして、廣瀬俊朗さん、堀江翔太さんに、どう見えているのか相談したこともあります。堀江さんは、良い部分と悪い部分を指摘してくれて、廣瀬さんには、もっと自分に矢印を向けるように言われました。いろんな悩みを吐き出せて、気持ちが楽になりました」

エディー・ジョーンズヘッドコーチからは、毎試合後、厳しいメールが送られてきた。ジョーンズヘッドコーチは、これまで出会ったどの指導者よりも厳しかった。

「おまえの良さはどこへ行った？　ナチュラルにキャッチし、パスができた、おまえの良さは」その言葉は、何度も何度も立川の胸に突き刺さった。だからといって教えを請うことはしなかった。納得していないのに、言われるがまま受け入れていたのだ。

2015年のラグビーW杯イヤーになっても、悶々とした気持ちは続いていた。そんなとき助言してくれたのは、日本代表の先輩である廣瀬俊朗だ。

「言われるままではなく、どうすればいいのかを聞きに行ったのか？　エディーさんは、おまえに期待しているから叱ってくれている。おまえができる選手だと思っているからこそだと思うよ」

　その言葉は胸に響いた。どこか逃げているところがあったのかもしれない。以降は、ジョーンズヘッドコーチの言葉を前向きにとらえるようになった。どうすればいいか問いかけ、個人練習の方法などについてもアドバイスをもらうようになった。

　2月は久しぶりのオフだった。大学卒業後、すぐに日本代表入りし、２０１３年はクボタスピアーズがトップリーグの下部リーグのトップイーストにいたこともあり、シーズンが長かった。その後は日本代表戦が続き、トップリーグ、ブランビーズでの挑戦。２０１５年に入るまで、ゆっくり休むことは一日もなかった。

　２０１４年12月に長女が生まれたこともあって、日本代表の活動が始まるまでの約1カ月間、家族でゆったりとした時間を過ごした。２０１３年秋に来日したニュージーランド代表オールブラックスとの一戦で肩を負傷していたのだが、だましだまし続けていたので、これを機に、一から体をつくり直すこともできた。

「パンクしかかっていたんですよね」

リフレッシュした立川は、3月にジョーンズヘッドコーチに会ったとき、「もっとハングリーになります」と伝えた。答えは笑顔と握手だった。叱られるたびに頑《かたく》なになっていた気持ちがほぐれ、立川は少しずつ調子を取り戻していく。

ハードワーク

2015年春から夏にかけての練習は過酷を極めた。宮崎市内で行われた合宿・試合などの活動は、W杯本大会を迎えるまでに、実に160日以上にも及んだ。

W杯の1次リーグは、南アフリカ、スコットランド、サモア、アメリカの順に対戦することになっていた。優勝候補の一角である南アフリカに勝つのは難しい。残りの3チームに勝って、決勝トーナメントへ行く。そう考えるのが当たり前の組（プール）だった。しかしジョーンズヘッドコーチは、組分けが決まったときから、南アフリカにターゲットを絞っていた。

2014年7月にスタッフを集めたミーティングでは、「歴史を変えるには南アフリカに勝つしかない」と話し、本番までに必要なこと、考えられるリスクなどを洗い出し、チーム一丸となって歴史的勝利を目指す姿勢を示していた。

W杯イヤーの合宿では、1日に4度の練習は当たり前。朝5時から2時間の筋力トレーニング、食事をして1時間から2時間の睡眠を取り、10時からグラウンドでのトレーニング、食事・

睡眠、さらに2度のトレーニングにミーティング。そんな日々が続いた。

1日に何度も眠れるのか、と疑問を持つ人もいるかもしれない。しかし、選手たちは一回一回の練習に全力で取り組み、眠らなければ体が持たなかったという。

練習はただハードなだけでなく、科学的だった。現代ラグビーのトップチームでは、選手がGPS（全地球測位システム）を付けて試合するのが当たり前になっている。一人ひとりの走行距離、速度、加速の回数、移動の軌跡など各種データが収集できる。それにより、どれくらいのスピードで試合が動いているのかが分かるのだ。

練習は試合以上の強度で行わなければ意味がない。試合が前後半40分ずつの計80分なので、練習時間は長くても90分まで。南アフリカ代表の選手たちが普段どれくらいのスピードの試合を経験しているのかデータを集め、練習では、その試合以上の負荷をかけた。

試合形式の練習になると、攻撃の方向を判断するポジションであるスタンドオフの選手は、ジョーンズヘッドコーチから厳しい叱責《しっせき》を受けることが多かった。

「全然ダメ、どうしてその判断？」

立川理道も何度も叱られ、そのたびに考え込んだ。ただ、落ち込んでいる時間はなかった。考えて走り、食べて眠る。息抜きで外出することも許されない。完全に管理された状態でのトレーニングが続いた。

2015年6月、当時の取材に応えて、立川はこんなコメントをしている。

「いまは初戦の南アフリカのことしか考えていません。日本代表がやろうとしていることをやりきる。エディーさんが、これで勝てると言って、このスケジュールを組んだのだから、一日一日、信じてやりきるしかないと思っています」

7月に入ると、「ワールドラグビーパシフィックネーションズカップ」（PNC）に参加するため、日本代表は北米へ遠征した。PNCは環太平洋の国々（カナダ、アメリカ、フィジー、トンガ、サモア、日本）による選手権である。プロローグに記した、立川が目を負傷した大会である。

W杯まで2カ月を切ったが、ジョーンズヘッドコーチは練習の強度を落とさなかった。PNCの間も選手を追い込んでいく。いつになったら楽になるのか。選手たちは、そんな思いを抱きながら、W杯で勝つために耐えた。

PNCでは、カナダに勝ったものの、アメリカ、フィジー、トンガには敗れ、戦績は振るわなかった。関係者やファンから心配の声が上がったが、ジョーンズヘッドコーチは「チームがピークを迎えるのは、9月19日の南アフリカ戦です」と強気の姿勢を崩さなかった。

8月は、15日に世界選抜、22日と29日にW杯出場国の一つであるウルグアイ代表の来日試合が予定されていた。W杯最終メンバー決定は、ウルグアイ戦終了後と噂《うわさ》されていた。

しかし実際には、ウルグアイ代表との第1戦終了後、チーム内で最終メンバー31人が発表された。

その発表の仕方は、31人のメンバーから外れた者が名前を呼ばれ、宮崎の合宿から離脱するというものだった。荷物をまとめてホテルを去る仲間を、立川は複雑な気持ちで見送った。2012年のエディー・ジョーンズ体制発足時から苦楽を共にしてきた選手たちは、笑顔でホテルを後にした。

「選ばれたことには、ほっとしましたが、気持ちは複雑でした。外れたメンバーのためにも、頑張らなくてはいけないと思いました」

メディア発表があるまでは、家族にも内緒にしていた。その後、父に伝えると「選ばれたのは、当たり前じゃないぞ。おまえだけの力じゃない。浮かれてはいけない」と言われた。

なんとか最終メンバー入りし、英国へ旅立った立川理道は、9月5日、ヨーロッパの強豪の一角であるジョージア代表とのウォームアップマッチにも出場した。

前年に粉砕《ふんさい》されたスクラムも大幅に改善され、自信を持ってW杯に乗り込める快勝だった。ジョーンズヘッドコーチの狙い通り、日本代表はW杯を目前にして、4年間で最高のコンディションに仕上がっていたのだ。

しかし立川自身は、自分のパフォーマンスに不満だった。イングランド入りしてからも、練習ではずっと10番を背負っていた。ゲームをコントロールするポジションは、勝敗そのものを背負っているところがある。立川も「W杯の舞台を知らないし、すごく緊張するだろうと、自分自身にプレッシャーをかけていました」と、目に見えない敵と戦っていた。そしてジョージア戦のパフォーマンスは、いま一つだった。

「このままのパフォーマンスで南アフリカに勝てるのだろうか」

「パスミスやキャッチミスをするのではないか」

初歩的な心配事が頭のなかをぐるぐると回った。

練習中も安全なプレーばかり選択し、自分の良さが出なかった。当然、ジョーンズヘッドコーチから何度も叱責を受けた。

「自分でも分かっていながら、ミスしないようなプレーばかり選択していました」

試合の1週間前、個別に南アフリカ戦のメンバーが発表された。ジョーンズヘッドコーチからは、「今回は10番、12番の控えとしてリザーブでメンバーに入ってもらう」と告げられた。先発を外されたのだ。

「うすうすは分かっていました。ジョージア戦後の練習から、試合に出るメンバーにコスさん（小野晃征）が入り、僕が相手チームになるようなことが多くなった。これはレギュラーを交代させられたのだと感じていました。エディーさんには、どうすればもう一度レギュラーになれるのか問いかけましたが、『そのままいいプレーを続けていれば、いつかチャンスは来る』という答えでした」

立川だけではなく多くの選手が、試合に出られるかどうかギリギリのところで、しのぎを削っていたのだ。

眠れない夜

南アフリカ戦が行われるブライトン入りしてからも、ハードな練習が続いた。ある日、ブライトン市による歓迎セレモニーがあった。

ワールドラグビーのラパセ会長から、W杯に出た者だけがもらえるキャップ（※国代表同士の試合に出場した証《あかし》として与えられる帽子）の贈呈式もあった。

「W杯は、こんな歓迎もしてくれるんや。新鮮やな」

世界最高の選手権に参加していると実感するセレモニーだった。このとき日本選手団から、ブライトン市長に親善の記念として紅白の「だるま」が贈られた。

「これは、何ですか?」

市長に質問されたリーチキャプテンは一瞬戸惑い、チームメイトに言った。

「これ、ゆきだるま、だよね?」

札幌山の手高校に通っていたリーチならではの間違いだ。みんな、大いに笑った。

こうして、歓迎セレモニーや海外メディアの取材を受けるなど、いつもとは違う雰囲気のなかで日本代表は徐々に気持ちを高めていく。

試合二日前の木曜日のことだった。12番で先発予定だったクレイグ・ウィング（神戸製鋼コベルコスティーラーズ、当時）が練習中に足を痛めた。ウィングは、13人制ラグビーのオーストラリア代表経験のあるアスリートだった。13人制ラグビーは、「ラグビーリーグ」と呼ばれ、日本でなじみのある15人制ラグビー「ラグビーユニオン」とは、少しルールが違っている。ユニオン特有の密集戦を排し、ランニングプレーを軸にした、エンターテインメント性の高いラグビーだ。ウィングは、そのスター選手で、日本でユニオンへ転向。力強い突進には定評があった。

ウィングの怪我は、試合に出られるかどうか微妙なものだった。ジョーンズヘッドコーチからは「ハル、12番で出るかもしれないから、準備しておいてくれ」と声をかけられた。チャンスが巡ってきたのだ。しかし、春から10番を務めることが多かった立川にとって、12番というのは、さらに緊張感の増すポジションだった。ただでさえ、馴《な》れないW杯の舞台を前に緊張していたところなのに、である。

その前夜、立川理道は夢を見た。南アフリカ戦に出場し、ミスを連発している自分の姿だった。寝る前に、南アフリカ対ニュージーランドの試合映像を見ていたからかもしれない。すぐに飛び起き、眠れなくなった。

「これが続くのは、しんどい」

翌日の金曜日、クレイグ・ウィングの試合出場が不可能という判断が下された。ジョーンズヘッドコーチの言葉通り、立川が先発することになった。試合会場であるブライトンのコミュニティースタジアムでの前日練習では、12番の位置で最終調整をする立川の姿があった。練習を終えた立川は、メンタルコーチの荒木香織《あらきかおり》にいまの気持ちを伝えた。

スポーツ心理学の専門家である荒木は、2012年のエディー・ジョーンズ体制発足時からメンタルコーチを務めていた。常勤ではなくスポットではあったが、世界最先端のチームづくりを知るジョーンズヘッドコーチが招聘《しょうへい》し、選手のメンタル面を強化するのが仕事だった。

スポーツ心理学を基盤としたメンタルトレーニングは、1980年代にアメリカで発達し、今日ではオーストラリアをはじめとする世界のラグビーのトップチームは、メンタルコーチを置くのが当たり前になっている。しかし、日本代表は導入したことがなかった。日本のスポーツ界では、メンタルの強化は監督やコーチがするものという考え方がある。しかし欧米では、選手のパフォーマンスを上げるために、スポーツ心理学者は早くから重要視されてきた。

スポーツ心理学は、カウンセリングとは異なる。過去の実証データなどと照らし合わせながら、その選手の現状を把握《はあく》し、課題の対処法などを的確にアドバイスしていくものだ。

W杯での活躍で、いまやすっかり有名になった五郎丸歩の「プレ・パフォーマンス・ルーティン」も、荒木コーチと二人三脚でつくり上げたものだ。ルーティン中の一連の動作そのものに集中することによって、観客が8万人いようが、それをプレッシャーと感じずに、集中してボールを蹴ることができるのである。

立川は、過度の緊張感、夢を見て寝つけないことなどを相談した。荒木コーチは、立川の話を聞き、何が不安なのか、具体的に書き出すよう指示した。

「キャッチミス」「パスミス」「タックルミス」「判断ミス」……。ざっと10個ほど不安要素を挙げると、荒木コーチから「それをすると、どうなる?」と質問された。

その答えも書いていく。

「体がこわばる」「ボールを目で追ってしまう」「自分の体がいつものように動かなくなる」「周りの選手の声が聞こえなくなる」「自分勝手なプレーに走ってしまう」

書き出したときの荒木コーチの反応で、少し気分が楽になった。

「大した心配事ではないよね。こんな心配は誰でもすることでしょう。それをずっと引きずってプレーする人なんて、ワールドクラスの選手にはいないと思うよ。誰にでもミスはあるし、そのときに自分自身を取り戻せる対処法さえあれば、周囲の選手の声が聞こえなくなるようなことは起こりません」

　そして、対処法を一つひとつ決めていく作業をした。立川は突き指予防のために指先にテーピングをしているのだが、ミスをしたら、その指を一本ずつ触って気持ちを落ち着かせることに決めた。結局、実際の試合でその必要はなかったのだが、対処法があったからこそ、いつでも自分に戻れる自信がつき、リラックスできたという。

　荒木コーチは、南アフリカ戦前日の立川の様子をよく憶えている。

「立川選手と時間を取って話したのは初めてでした。エディーさんから指示が出て、『話をしてきてくれ、様子を見てきてくれ』という選手の名前が挙がってくるのですが、立川選手の名前が挙がることは一度もありませんでした。立川選手は考え始めると、おでこに3本しわがいく。そして、口がとんがってくる。試合を前にして、そんな表情が多いな、とは思っていました。彼はうまくいかないときは、いろいろ考えるタイプだと思いますが、眠れなくなるとは思いませんでした。彼は真面目なので、お茶して気分が晴れるタイプではない。おでこのしわを伸ばすには、字で書いたほうがいいと思いました。スポーツ心理学のテクニックとしては、ストレス軽減のため、そのストレスの原因について自覚を促す、そしてその対処法について考えることは典型的な手法です。即効性があるかと言われれば、そうではないのですが、立川選手の場合は即効性があったようですね」

荒木コーチとのミーティングの後、立川は廣瀬俊朗をカフェに誘った。五郎丸も誘ったのだが、五郎丸は取材が多く、ゆったりとした時間が取れていなかった。この3人は、日本代表活動期間中に「チーム・シーガル」と呼ばれて、よく行動を共にしていた。シーガルとは上腕二頭筋、上腕三頭筋を鍛えるウェートトレーニングの種目名で、この3人が熱心に取り組んでいたことから名づけられた。最も腕が太くなったのが立川理道で、腕周りは40センチになったという。

「五郎さんは、取材でなかなか一緒にカフェにも行けず、ずっとスネていましたね」

廣瀬と二人でカフェに入った立川は、緊張する気持ちを素直に打ち明けた。すると、廣瀬は笑った。

「幸せやなぁ、おまえは。めちゃくちゃ楽しいやろー。ロッカールームから出て、グラウンドへ続く通路に立ったとき、隣に南アフリカ代表のスター選手がいる。フィールドの入り口で炎が上がり、満員の観客がいるフィールドへ駆け出す。そのなかで君が代を歌う。こんな幸せなことはないぞ。それを楽しめないラグビー選手なんて、おかしい。思いきり楽しめ」

世紀の番狂わせ

2015年9月19日、ブライトンのコミュニティースタジアムには、続々とラグビーファンが詰めかけていた。その数、約3万人。試合前の時点で、勝敗について語る観客は皆無と言ってよかった。過去W杯2度優勝の南アフリカと、過去7大会で1勝2分け21敗の日本との対戦である。誰もが結果はともかく、いい内容の試合が見たい、それだけを願っていた。

息子の試合はほとんど観戦してきた立川理・みどり夫妻は、理道の妻・絢子、その両親、長女・凛《りん》、そして理道の中学時代の恩師である関口満雄夫妻と共に機上にあった。初戦に勝つのは難しそうなので、2戦目のスコットランド代表戦に乗り込む予定だった。実際、南アフリカ戦を回避して、それ以降の日本代表戦の観戦ツアーを選んだ人々は数知れない。ほとんどの人は、日本が勝つことはあり得ないと考えていた。それを信じていたのは、過酷なトレーニングと周到な準備をしてきた日本代表の選手、スタッフだけだった。

立川理道は、晴れやかな気分で試合の朝を迎えていた。楽しみで仕方なかった。廣瀬の話を聞かなければ、そうはならなかったかもしれない。

通路で南アフリカの選手と並んだときも、フィールドに飛び出しても、気分が次第に高揚し、楽しくなった。大歓声のなかでフィールドに飛び出し、演出で火柱が上がると、自然と笑みがこぼれた。国歌斉唱、そして午後4時45分（現地時間）、キックオフの笛が鳴る。

試合中の立川の役割は明確だった。当初、先発予定だった12番のクレイグ・ウィングは、その足腰の強さを生かし、とにかくボールを持ったら前に突進して攻撃の起点になる作戦だった。

それは立川になっても同じだった。

「本当はパスを使って、どんどんボールを動かしたかった。でも、僕はクレイグ・ウィングの代役。ゲームプランを変えることはできない」

立川は気持ちを割りきって、南アフリカで最も体格が小さい10番パット・ランビーに向かって突進した。

「スクラムから出たボールをもらって最初に突進したとき、ランビーのタックルが低かった。低いと当たりやすいので前に出ることができました。それで、スタンドオフのコスさん（小野晃征）に、僕、ランビーだったら前に出られます、という情報を伝えました」

立川の突進の後、フォワードのツイ ヘンドリックがさらに前進し、そこにできた起点から、スクラムハーフの田中史朗が右にパスを出すと、フルバックの五郎丸歩が抜け出す。一連の攻撃はトライにこそ至らなかったが、狙い通りの攻撃。日本代表選手たちは手応えをつかむ。立川が前進し、ディフェンスラインを押し下げながら素早くパスを動かし、ペースを握るのだ。

「試合が始まってすぐに、いま自分の体がピークにあると実感しました。体が動く、動く。練習で厳しいことをやってきたのが、ここに来て出てくれたかと思いました」（立川）

攻め込まれるシーンもあったが、身長171センチと小柄な小野晃征が低くタックルし、その直後、センターのマレ・サウが上体を抱えて倒す「ダブルタックル」でボールを奪うなど、準備してきた通りのディフェンスで対抗した。

「最初に相手を驚かせることができれば、勝つポジションに入れる」

ジョーンズヘッドコーチの言葉通り、それまでの試合では、パスを多用してボールをスピーディーに動かしてきた日本代表は、一転して相手陣深く蹴り込むキックを多用した。すべては南アフリカを驚かせるための布石だった。

フィジカル（肉体）の強さで絶対的な自信を持つ南アフリカは、予想通り、蹴り返すことなくボールを持って突進してくる。待ってましたとばかり、日本代表はダブルタックルで攻撃を寸断した。試合開始4分で3度も相手ボールを奪うと、南アフリカの選手たちに動揺が走った。

「南アフリカの選手たちの顔色を見ても、慌《あわ》てている気がしました。こっちのペースでしたね」

試合前にも、ジョーンズヘッドコーチは布石を打っていた。事前の記者会見で南アフリカに対し、「スクラム勝負」と宣戦布告していたのだ。

当然、南アフリカは意地でも押してくる。ところが日本は、スクラムハーフの田中史朗がスクラムにボールを投入するや否や、素早くボールを出して攻撃を仕掛けた。つまり、力勝負を避けたのだ。スクラムのボールが素早く出るということは、南アフリカの選手は次のディフェンスに備えなくてはいけない。こうしてスクラムに対する集中力を散漫にさせる狙いもあった。

待望のトライは前半29分だった。南アフリカ陣ゴールライン直前のラインアウトから、フォワード8人が一塊《かたまり》になってモールを押し込む。本来なら攻撃ラインを敷いて待っているバックス陣の小野晃征、立川理道、松島幸太朗《まつしまこうたろう》も、急きょモールに参加して一気にインゴールになだれ込んだ。キャプテンのリーチ マイケルがボールを押さえてトライ。この時点で、10－7と逆転に成功する。

「モールが押せそうなら、10、11、12、13番はみんな入ろうということになっていました」

この後、スコアは二転三転したが、W杯で過去1勝しかしておらず、「小魚《こざかな》」とまで形容された日本代表は、堂々たる戦いで観客の心をわしづかみにした。

後半に入ると、日本人サポーターの「ニッポン、ニッポン」のコールが、現地の観客も巻き込んで、「ジャッパン、ジャッパン」へと変化する。

南アフリカの巨漢選手の突進に簡単にトライを奪われる局面もあったが、そのたびに反撃し、終盤になってもスコアの差は開かなかった。国際映像には、日の丸をまとい、泣き顔で声援を送る日本人男性が大写しになった。実はこの男性、キックオフ前の国歌斉唱のときから泣いていた。

「外国人選手までもが、大きな声で君が代を歌っているのを見たら泣けてきて」

長らく日本のラグビーを見てきたファンにすれば、後半20分を過ぎて南アフリカと僅差《きんさ》の勝負を繰り広げる日本代表を見るだけで〝号泣もの〟なのである。

後半28分、鮮やかなサインプレーから五郎丸歩のトライが生まれる。自ら難しいゴールも決め、29−29の同点とする。

誰もが記憶する、五郎丸がインゴールに滑り込んだシーンだ。熱狂するスタジアム。

このプレーで、立川は初めてパスをした。試合開始から60数分間、パスをしなかったのだ。パスの名手である立川にとって、それは初めての経験だった。

このサインプレーが決まったのは、前半から立川が縦突進を繰り返して布石を打っておいたから、という評価が定着している。選手たちも、これを否定しなかった。

「そう解釈してもらっているし、布石ということにしておこうって、みんなで申し合わせました（笑）」

本当は布石を打ったのではなかった。ターゲットの選手に向かっていったら前進できたので、それを繰り返しただけだった。

そのサインプレーの起点は、南アフリカ陣中盤のラインアウトだった。このラインアウトが始まる直前、立川は、サインプレーを決めるメンバーである堀江翔太と小野晃征に「もう前進できないと思います」と声をかけた。相手は、立川が真っすぐ走ってくることを予測し、立川の目の前に立つようになっていた。しかも南アフリカのスタンドオフは、小さなパット・ランビー（177センチ、89キロ）から、大型のハンドドレ・ポラード（189センチ、98キロ）へ交代していた。

そこで小野は、とっておきのサインプレーを使う決断をした。ラインアウトから右方向に攻めるのだが、これまで縦突進を繰り返してきた立川が、スクラムハーフから最初にボールをもらう位置に走り込んでくる。立川の右に並ぶように、13番のマレ・サウも走り込んでくる。立川は、サウにパスすると見せかけて、立川の背後を右方向に走っていた小野にパスした。

立川の突進に引きつけられた南アフリカのディフェンダーは、パスされると慌てて小野に向かって走った。それを見透かしたかのように、小野は自分の内側に走り込んできた11番の松島幸太朗にパスを返した。

するすると抜け出した松島は、右側に走り込んできた五郎丸歩にパス。五郎丸はそのまま約20メートルを駆け抜けて、インゴール右中間にトライをあげた。

ものの見事に決まったサインプレーだが、実はこのサインプレーは、イングランド入りしてから作られたものだった。コーチングスタッフの一人である沢木《さわき》敬介《けいすけ》（現・サントリーサンゴリアス監督）が考案した。

8月に行われた南アフリカ代表とオーストラリア代表の試合で、オーストラリアがトライを獲《と》ったサインプレーを参考にしたという。このサインプレーについて、ジョーンズヘッドコーチは懐疑的だった。実際の試合では、小野の内側に松島が走り込んだが、ジョーンズヘッドコーチは外側に走り込んだほうがいいという考えだった。イングランド入りしてから何度か試したものの、なかなかうまくいかない。初めて決まったのが、本番の南アフリカ戦だったのである。

立川が勝利への手応えをつかんだのは、この同点トライの前と後に南アフリカがペナルティーゴールを狙ったときだった。

「これは行ける。向こうは、きついんだろうと感じました」

ゴールライン間近に迫りながらも、日本代表の反則でペナルティーゴールを狙う。タッチキックからモールでトライということも十分考えられるのに、堅実な得点を選ぶところに、日本代表選手たちは南アフリカの焦りを感じたのである。

「精神的には僕らが絶対に上だと思いました。勝てるという確信はなかったのですが、このまま点差が開かなければ、勝つチャンスがどこかで来ると感じていました」

スコアは32－29と、3点差で南アフリカがリード。

以降は、日本代表が鍛え上げてきたフィットネスを武器に圧倒的に攻めた。南アフリカ代表は追い詰められ、想定外の事態にパニックになっていた。試合の主導権は完全に日本が握っていた。あとは、勝ちきれるかどうか。

残り2分、五郎丸がゴールラインに迫り、南アフリカの選手がシンビン（10分間の一時退場）となる。日本側に出るボールをオフサイドの位置で妨げる反則だった。

続いて、ラインアウトからモールを押し込むが、これもトライならず。直後のスクラムの攻防で南アフリカが反則を犯す。時間は80分を過ぎていた。ミスなどでゲームが途切れれば、そのまま試合終了である。

ペナルティーキックなので、ゴールを決めれば3点追加して同点となる。事実、コーチボックスにいたジョーンズヘッドコーチは、「ショット！」（ゴールを狙え）と叫んだ。

南アフリカと引き分けるだけでも快挙である。まだ1次リーグの初戦であり、引き分けでも勝ち点「2」がゲットできる。もし負ければ、勝ち点は「0」だ。世界中のコーチが「ショット」と指示する場面だろう。立川も「ペナルティーゴールかな」と一瞬思った。

一人のスタッフが、五郎丸がキックする際に使用するキックティーを持ってキャプテンのリーチに近づいていった。

リーチはきっぱりと言った。

「俺が決めるから」

そして、レフリーにスクラムの選択を告げる。

現地で実況していた、Ｊスポーツの矢野武《やのたけし》アナウンサーが興奮気味に名ゼリフを叫んだ。

「南アフリカ相手に、スクラム組もうぜ！　宣戦布告」

テレビ画面には、その瞬間に「ジャパン、カモーン！」と叫ぶ白人女性が大写しになった。実はこの実況は、会場で販売されていたラジオを購入すれば聞けるようになっていた。日本のファン、報道陣の多くは、あの実況を現場で聞いていたのだ。

相手の反則で得たペナルティーの際、いくつかの選択肢があるラグビー独特のルールが、この興奮を呼んだ。日本代表は同点を望んでいない。勝つつもりなんだ。なんて勇敢な奴らなんだ。この試合を見ていた世界中のラグビーファン、関係者が興奮したことだろう。

ゴールラインまで5メートル、左中間スクラムからの最後の攻撃が始まった。

まずは、田中に代わって出場していたスクラムハーフの日和佐篤から、左に走り込んだリーチ　マイケルへボールが渡る。さらに数回の縦突進の後、日和佐からボールをもらった立川理道が前進。このボール争奪戦からさらに右へ攻め、リーチが右コーナーに迫る。ゴールラインまで、あと2メートルだ。割れんばかりの大歓声が日本代表を後押しした。

右コーナーにできたラック（密集）からボールは左オープンへ。このとき立川は、日和佐から10メートル以上離れた場所に立っていた。そのときに日和佐に向かって走り込んでいったのが、五郎丸と真壁伸弥《まかべしんや》だ。

「僕は、二人のうちのどちらかがボールを受けると思って、少し下がりました。そこに日和佐さんからパスが来た。最初からパスをもらうつもりであれば、もっと前に出て相手に当たっていったと思います。下がり気味だったので、相手ディフェンダーとの間合いができて、じっくり外を見る余裕がありました」

左方向には数人の選手が立っていた。その一人、アマナキ・レレイ・マフィが手を挙げて立川を呼んでいた。

「ハル！　ハル！　ハル！」

立川とマフィの間には二人の選手（トンプソン ルーク、木津《きづ》武士《たけし》）がいたのだが、外側のディフェンスの人数が少なくなっていると感じた立川は、マフィの声を聞きながら、この試合初めてのロングパスを放った。

マフィは、ディフェンダーの一人をハンドオフで突き放すと、左に走り込んできたカーン・ヘスケスへパスを送る。ヘスケスはボールをしっかり抱え込み、相手の猛タックルを受けながらも低い体勢で左コーナーに飛び込んだ。

トライ！

弾むように立ち上がったヘスケスに、サウが、マフィが抱きつく。すぐそばにいた日本代表の医療スタッフまでも――。狂喜乱舞の観客席。警備員もメディア関係者も、その場にいたほ

立川理道からのロングパスをつなぎ、カーン・ヘスケスが逆転トライ
（写真提供＝日刊スポーツ／アフロ）

とんどの人々が総立ちになった。

　歴史的勝利の渦中にありながら、立川は冷静だった。振り返れば、一つひとつのプレーを事細かに思い出すことができるほどだった。勝利を想定して実戦練習を繰り返したからこその境地だったかもしれない。

　日和佐からパスを受けたとき、立川は俗にいう「ゾーン」（※集中して冷静にプレーできる状態）に入っていた。すべての動きが、スローモーションのように見えた。相手と味方の人数もじっくり見ることができたし、実際には大歓声が上がっているのに静まり返った空間のなかで、マフィの呼ぶ声しか聞こえなかった。

「プレーが冴《さ》えているときは、そういう感じになります」

　最後にマフィへ送った立川のパスは、間に入

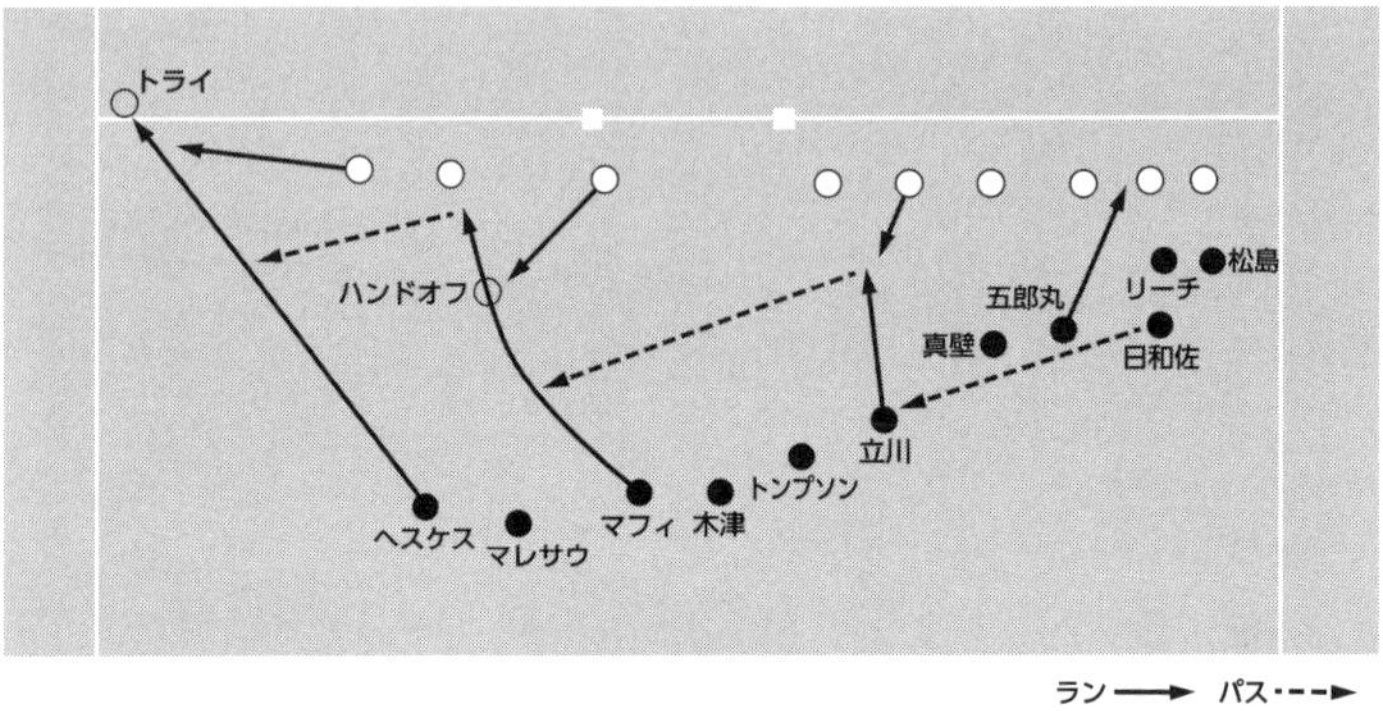

決勝トライのポジションとボールの動き

っていた二人の日本選手の頭上を越えていった。通称「飛ばしパス」である。ジョーンズヘッドコーチからは、「南アフリカに対して飛ばしパスは使うな」と指示されていた。

南アフリカのディフェンスは外側の選手が飛び出してくる。滞空時間の長いパスは、ディフェンスからのプレッシャーを浴びるし、下手《へた》をすればインターセプトされ、相手にボールを渡す危険もある。これは春からずっと言われ続けてきたことだ。南アフリカに勝つためには、飛ばしパスは厳禁なのである。

しかし、マフィの声を聞いたとき、立川は迷わず飛ばしパスを選択した。それが最良の判断だと瞬時に感じたからだ。指揮官の指示は、すっかり忘れていた。

「目が見えにくいことも、エディーさんの指示も、何も考えなかったですね」

それは、立川理道がジョーンズヘッドコーチの手のひらから飛び出した瞬間だったのかもしれない。そして、そのパスが日本ラグビーの歴史を変える決勝トライにつながったのだ。

荒木香織は言う。

「天理大学4年生のときの立川選手のプレーを見て、すごい選手だと思っていました。でも、日本代表で見る立川選手は、おとなしい印象でした。大学生のころは自分で判断し、ガツガツ動いていくイメージがあったんです。でも、エディーさんのラグビーでは、決められた動きのなかでやっていくスタイルだったので、周囲に合わせてプレーしていて、ダイナミックさや伸び伸びした感じがなくなっていると感じていました」

世界の大舞台で、立川理道は本来の自分を取り戻したのだ。

大学時代の恩師、小松節夫監督は、いつものように冷静に立川のプレーを見ていた。

「南アフリカ戦の立川のプレー。ああいう大一番では、派手なプレーも、綺麗《きれい》なプレーもできない。あのレベルで簡単にタックルを外して前に出るなんて、できないでしょう。そんなプレッシャーのなかでも、自分が持ち込んだボールを出し、タックルも堅実にできていた。インターナショナルレベルで平均点が高くなっているなと感じました」

とはいえ、嬉しくないはずがない。小松も居ても立ってもいられず、理道の妻・絢子にメールを送った。選手は試合直後にメールは見ないだろうし、この喜びを誰かに伝えたかったからだ。絢子は、天理大学ラグビー部では、理道の3学年上の女子マネージャーだった。

のちに理道からは「なんで、僕より先に、あやさんなんですか」と、微笑《ほほえ》ましく突っ込みを入れたメールが届いている。

両親と絢子夫人らは、ロンドンへの乗り継ぎでシンガポールの空港に着き、小松たちのメールを確認した。当初は何かの間違いだろうと思ったという。受信履歴には、「感動しました」「理道くんを誇りに思います」といったメッセージが続々と届いていた。父・理がポカンとしていると、情報を確認した絢子夫人が泣きだした。それでも半信半疑でロンドンに向かう。

「空港に着いたら新聞が落ちていましてね。ああ、ほんとに勝っとる、と驚きました」(理)

両親は歴史的快挙をライブで見ることはできなかったが、日本にいる長兄の教道は深夜、やまのベラグビー教室の田中善教とともに、テレビの前にかじりついていた。勝った瞬間は叫び、二人で泣いた。すぐに次兄の誠道へ電話した。誠道は興奮していた。

勝った瞬間、誠道は思った。

「この人は弟じゃない。すごい人になってしまった。この日の23人は、日本ラグビーのヒーローになったんや」

教道は続いて直道に電話した。意外にも、直道は冷静だった。少し面白くない感じを覚えながらも、長男として、ひと通り勝利の報告を済ませた。

もちろん、南アフリカ戦の夜は、理道のもとにも数多くの祝福メールが届いた。すべてに返信できなかったが、できる限り返信を済ませ、理道は次戦に向けて眠りに就いた。

歴史的勝利、その後

歴史的勝利のニュースは世界を駆け巡った。翌日のイギリスでは、『サンデータイムズ』はじめ高級紙と呼ばれる新聞各紙が、こぞって1面で快挙を伝えた。イギリスの高級紙は世界に影響力を持つ。ヨーロッパ全土はおろか、アメリカ大陸、アフリカ大陸、そしてアジアや中東でも、このニュースは驚きを持って迎えられ、世界の社交場の話題に上った。

翌日の日本代表の練習には、日本のメディアだけではなく、海外メディアも殺到し、取材のオファーが次々と舞い込んだ。なかには、アメリカのＣＮＮから「エディーとリーチに、ロンドンのスタジオに来てほしい」という依頼まであった。

可能な限り取材を受けた日本代表だが、３日後にはスコットランド代表との戦いが控えているので、遠出は控えた。

ラグビーＷ杯は、人気のある試合を観客の集めやすい時間帯や曜日で組もうとするため、どうしても下位グループには厳しい日程になる。２０１５年大会については、スコットランド、

日本代表の歴史的勝利を大きく報じる英国の新聞各紙

フランス、ニュージーランドといった強豪国にも中3日のタイトなスケジュールが割り当てられ、以前からいわれてきた不公平感はいくぶん和らいだ。しかし、南アフリカとスコットランドという世界のトップ8の常連国と中3日で対戦するのは、小さな体で終始全力プレーが求められる日本代表には過酷だった。

エディー・ジョーンズヘッドコーチも手をこまねいていたわけではない。約3年半の準備期間のなかで、W杯の過密日程を見越して試合を組み、試合会場となるグラウンドでも地元クラブと試合を組むなど、できる限りの対策を講じてきた。中3日ではあったが、スコットランドの主力選手の映像を共有し、その動きを頭に叩《たた》き込んだ。

プールB第2戦、日本代表対スコットランド代表の試合は、9月23日、グロスターのキングスホルムスタジアムで行われた。

日本ではすでにラグビーフィーバーが起きていた。南アフリカ戦の勝利によって、悲願の決勝トーナメント進出がにわかに現実味を帯びてきたからだ。メディアは、スコットランドにも勝って白星街道とばかり、あおりにあおった。長らく日本代表の試合を見ていたファンは思ったそうだ。

「スコットランドには、そんなに簡単に勝てません。あまりあおらないで」

日本各地のスポーツパブなどでのパブリックビューイングも大盛況。南アフリカ戦のとき、ほんの数人しかいなかった店も、スコットランド戦では超満員になった。キックオフが日本時間の午後10時30分だったことも視聴者を増やした。各家庭でラグビー日本代表の活躍を一目見ようとする人が爆発的に増えたのだ。

立川理道は、股関節を痛めた小野晃征に代わり、背番号10で先発した。得意のパスを使って、立ち上がりからボールを動かした。しかし、最後の一線が越えられない。逆にスコットランドは、スクラムハーフのグレイグ・レイドローが日本代表の防御の背後に正確なキックを蹴り込み、ミスを誘ってペースを握った。最終スコアは10－45。予想以上の大敗だった。

「みんなで同じ絵が見られなかった」

立川は、個々の選手が勝手に動き、攻撃がチグハグになったことを悔やんだ。敗れはしたが、

W杯のスタンドに掲げられた応援の横断幕

この試合には、立川の両親、絢子夫人、その両親、長女・凛、関口夫妻が応援に駆けつけていた。応援団は、赤と白の縞《しま》に、桜の花びらを散らした横断幕を携えていた。試合前、キングスホルムのメインスタンドで、その横断幕が掲げられた。

そこには「立川理道」と大書され、その上部に、こんな文字が躍っていた。

絢爛《けんらん》たるハルの桜道　みどりを腕に凛と輝け

絢爛は、理道の妻の絢子の名を入れ、みどりは母、そして凛は、理道の長女の名だった。理道を心から応援する人々の優しさの詰まった横断幕だった。両親と恩師の激励を受け、理道はその後の試合でも奮闘する。

一度きりの涙

第3戦のサモア代表戦は10月3日、ミルトン・キーンズスタジアムで行われた。スコットランド戦から10日後ということもあって、十分な準備期間があった。それでも過去に2度、決勝トーナメントへ進んだことのあるサモアは、選手個々の能力でもチーム力でも、日本より上だという評価が一般的だった。

この試合の国歌斉唱で立川理道は涙を流した。南アフリカ戦で勝ったときさえ泣かなかったし、スコットランド戦では悔しさのあまり泣いていない。

「泣くのは決勝トーナメントへ行ったときだ」

自分にそう言い聞かせていた。それなのに、サモア戦の国歌斉唱では、なぜか涙があふれた。

「僕は国歌を歌うとき、試合に出られないメンバーの姿を見て歌うことにしています。でもW杯では、ノンメンバーは大きなスタンドの上のほうにいる。探しても見当たらないから、スタッフを見たり、応援に来てくれた家族の席を見て歌ったりしていました」

このことを大会中に廣瀬俊朗へ何げなく話したことがある。そして立川自身は、そのことを忘れていた。サモア戦も大きなスタジアムで行われた。この日もノンメンバーを探すのは難しいと思ってスタンドを見ていると、立川に手を振っている集団があった。

廣瀬俊朗、伊藤鐘史《いとうしょうじ》らメンバー外の選手だった。

「ハル〜！　ここにいるぞ〜！」

そんな声が聞こえた気がした。笑顔で手を振る仲間たちを見ていたら、涙があふれ出した。

今回のW杯で立川が泣いたのは、この一度きりだ。

立川は小野の復帰で12番に戻り、第1戦同様、何度も大幅ゲインしてチームの勢いを引き出した。そして日本代表は、またしても世界の予想を覆《くつがえ》して見せる。前半5分に五郎丸のペナルティーゴールで3点を先取すると、24分には、スクラムを押し込んでサモアの反則を誘い、ペナルティートライを勝ち取る。

終わってみれば、26－5。強豪サモアを1トライに抑える快勝だった。試合後の記者会見で、エディー・ジョーンズヘッドコーチは言った。

「こんなに多くのイギリス人が、日本代表のジャージーを着ているのを見たことがない」

日本代表は、英国人にとって自国以外のチームで最も応援したいチームになっていたのだ。

この試合を中継した日本テレビの視聴率は、25パーセントに達した。単純計算で、日本国内で2500万人以上の人々が視聴したことになる。

この数字は、1カ国でW杯の試合を視聴した人数の最多記録となった。ちなみに開会式でさえ、イングランド国内での視聴者は1000万人に留《とど》まった。世界に日本のラグビー熱の高まりを伝えるには、十分な数字だった。

国を超えた多くの人々が、日本代表の決勝トーナメント進出を夢見た。しかし、第4戦のアメリカ戦を前に、日本代表の悲願は潰《つい》えた。

W杯の1次リーグは勝ち点制で争われる。勝ち＝4点、引き分け＝2点、負け＝0点。4トライ以上獲得したボーナス点＝1点、7点差以内の負け＝1点。日本代表がアメリカ戦に勝っても、ボーナス点を積み上げている南アフリカ、スコットランドを上回れないことが確定したのだ。

選手たちは落胆したが、アメリカ戦に向けて気持ちを切り替えた。最後の試合の前日、試合会場での練習前のミーティングで、異例のジャージー贈呈式があった。

日本代表メンバー31人中、たった二人だけ一試合も出場することができないメンバーがいた。廣瀬俊朗、湯原祐希《ゆはらひろき》の両名である。彼らに対する感謝のジャージー贈呈式だった。二人は、試合のメンバー発表があるたびに落胆した。そして、すぐに気持ちを切り替え、相手チームの分析をし、出場メンバーの練習のために相手役になった。しかも、試合に出ないメンバーは早朝練習にも参加しなくてはいけない。そのすべてに、二人はベストを尽くした。

立川の兄・直道からは「廣瀬さんを試合に出してあげてくれ」というメールが理道に届いたほどだ。多くの関係者、ファンも同じ気持ちだったろう。

しかし、エディー・ジョーンズヘッドコーチは、そのときのベストの選手を選択する信念を曲げない。湯原は、そのことに納得していたという。

「もし、最後の試合にエディーさんが温情で僕を出してくれたとしたら、それは違うと思った。W杯は世界最高の舞台です。最後にメンバーとして呼ばれなかったとき、ああ、これで良かったのだと思いました」

そんななかでの、二人へのジャージー贈呈式。廣瀬は泣いた。ほとんどの選手が泣いていた。ジョーンズヘッドコーチも目を潤ませた。立川は目を伏せた。

「廣瀬さんを見たら、泣いてしまう」

翌日、日本代表はアメリカ代表に快勝し、史上初の3勝1敗という好成績をあげた。日本代表は、3勝しながら決勝トーナメントへ進めなかった初めてのチームになったのである。

立川は全試合に出場し、得意のパスよりもランで勝利に貢献した。

「スコットランド戦は無我夢中でした。サモアとアメリカには、もう負けられないというプレッシャーがありました」

立川理道にとってのW杯の経験とは、どんなものだったのだろう。

「素晴らしい経験でした。イングランドで国じゅうが盛り上がっているのも感じることができ

道友社で行われた応援写真展には、帰国後の立川理道と両親も駆けつけた

たし、大観衆のなかでプレーできる幸せな時間でした。『俺はこのために、いままでやってきたのだ』。そう思える大会でした、だからこそ、もう一回行きたいと強く思いました」

10月13日、羽田空港に降り立つと、約500人の報道陣とファンが日本代表を出迎えた。

「出国するときは、ほかのお客さんと一緒に買い物もできたのに、帰ってきたときは、通路を指定され、ファンにサインをせずに素早く歩いてバスに乗るよう指示されました。ものすごい変化を感じました」

そして、都内のホテルで開催された記者会見に臨む。W杯の帰国記者会見がテレビで生中継されるのは、日本のラグビー史上初めてのことだった。1次リーグで敗退したチームが記者会見すること自体、異例中の異例だった。ただし、選手たちは立場をわきまえていた。

事前に「明るい雰囲気でやろう」と話していたが、全選手が淡々とコメントし、集合写真などには応じず、すみやかに退場して別室での個別取材に応じた。その態度に多くの国民が好感を持ち、ラグビー人気はさらに加熱したと言っていいだろう。

選手たちのコメントのなかで、立川理道はこんな言葉を残している。

「目標のベスト8には行けなかったのですが、歴史を変えたメンバーのなかにいられたことを誇りに思っています。2019年に向けて、しっかり自分を見つめ直して、また日本代表に入れるように頑張っていきたいです」

W杯での日本代表の試合が終わったとき、父・理は、理道にメールを送った。いつもは「周りの人に感謝しなさい」「健康でいられることに感謝しなさい」と伝え続けてきた父が、息子に送る初めての感謝のメールだった。

「おつかれさん、ありがとう」

第5章
そして、未来へ

スーパーラグビー参戦

日本代表の好成績によって、日本ラグビーを取り巻く環境は大きく変わった。五郎丸歩をはじめ多くの選手が、テレビCMや雑誌の広告に登場し、百貨店の壁面にエディー・ジョーンズの巨大ポスターが掲げられた。過去のラグビー界では考えられなかった露出の多さに、戸惑いを隠せないファンも多い。

リーチ マイケル、田中史朗など、すでに海外のクラブで活躍している選手に加えて、英国のトップリーグである「プレミアシップ」でアマナキ・レレイ・マフィ（バース）、畠山健介《はたけやまけんすけ》（ニューカッスル）がプレーするなど、世界のラグビーチームが日本代表選手に注目するようになり、海外挑戦の可能性も大きく広がった。南アフリカ戦勝利の影響力は計り知れない。

２０１５年のラグビーワールドカップは、ニュージーランドの優勝で幕を閉じ、日本国内では、トップリーグが11月13日に開幕した。

立川理道は、網膜剥離《はくり》の手術の後、２試合欠場したものの、11月29日のＮＴＴコミュニケーションズ戦に志願の出場。以降、全試合に出場したが、戦績は16チーム中12位。残念な結果に終わった。

そして2月下旬、日本チームが初参戦するスーパーラグビーが始まった。世界最高峰のプロリーグといわれる「スーパーラグビー」は、1996年の発足以来、南半球の3強国であるニュージーランド、オーストラリア、南アフリカからプロクラブが参加する形で、2015年まで行われていた。各チームの選手たちは、それぞれの国代表選手とその予備軍で編成されており、運動能力抜群のアスリートがスピーディーに走り回る攻撃的スタイルで、「世界最高のエンターテインメントラグビー」とも称されている。

2015年までは15チームで行われていたが、16年からは、3チーム増の18チームへと拡大されることになった。そこで手を挙げたのが、南アフリカ、アルゼンチン、日本、シンガポールの各ラグビー協会だった。最終的には、南アフリカのキングズ、アルゼンチンのジャガーズ、日本のサンウルブズが加わることになった。

日本には特別な事情があった。2019年、日本で開催されるW杯に向けて日本代表を強化しなくてはいけないが、強豪国の試合スケジュールは数年先まで決まっており、日本が格上のチームと試合を組めるのは年に3試合ほど。だからこそ、2012年から15年にかけての日本代表は、長期合宿で個々の肉体、組織力を鍛え上げたのだ。

しかし、2019年に向かって、さらにチーム力を上げるには、レベルの高い試合を数多くこなすしかない。スーパーラグビー参戦は、日本ラグビーの悲願でもあった。

当初は、エディー・ジョーンズを運営責任者のディレクター・オブ・ラグビーとして、

2015年夏からチーム編成に着手していたが、W杯直前に退任が決まり、その後は混乱が続いた。サンウルブズはプロチームであり、各選手とプロ契約を結ばなくてはならない。だが、先の見えない状況のなか、W杯を目前に控えた選手たちの多くが参加すべきか迷った。

リーチ、田中らが早々に海外クラブでのプレーを選択するなかで、最初に手を挙げたのは堀江翔太だった。パナソニックワイルドナイツのキャプテンでもある堀江は、このまま参戦が立ち消えになるのは、日本ラグビーのために良くないと考えた。

堀江は2013年、14年とオーストラリアのレベルズでプレーしていた。堀江は率先して参加した気持ちを、次のように説明している。

「スーパーラグビーの経験者がいたほうがいいと思いました。リーチ マイケル（チーフス）、田中史朗（ハイランダーズ）など早々に海外チームに行くことが決まった選手がいて、自分くらいはいなければと思いました。参加が取りやめになったら、ファンの皆さんや子供たちなど、参戦を待っている人ががっかりするでしょう？　最初は苦労するかもしれないけど、参加することに決めました」

堀江は、ほかの選手に「俺は、やるで」と声をかけた。次第に契約する選手が増えていく。

立川も堀江が参加するなら、自分も行こうと決意を固めた。

「もちろん、興味はありました。2014年にブランビーズへ行ったときは、スーパーラグビーの試合に出られなかったので、その舞台でプレーしてみたかったのです」

最終的には、2015年のW杯メンバー31人中10人がサンウルブズと契約、ここに海外のスーパーラグビー経験者を加え、急ごしらえながら期待の持てるメンバーが揃《そろ》うことになった。

そのなかには、サモア代表のトゥシ・ピシ、アメリカ代表のアンドリュー・デュルタロ、スーパーラグビーのレッズに所属していたエドワード・カークなど、世界トップレベルのラグビーを経験した外国人選手も含まれていた。

「それほど条件は良くないはずなのに、よく契約してくれたと感謝しました」（立川）

1月末まで国内シーズンがあったため、チームは2月3日に始動。27日の開幕戦に向け、実質3週間しかないなかで準備が始まった。

ヘッドコーチには、元ニュージーランド代表オールブラックスのフッカーで、スーパーラグビーで7度の優勝を誇るクルセイダーズの選手、コーチとして活躍したマーク・ハメットが就任した。「本来であれば、2カ月は欲しい」と指揮官が言う短い準備期間ながら、2月13日にはトップリーグの精鋭を集めた「トップリーグXV（フィフティーン）」との試合が組まれ、その後の沖縄合宿で急ピッチのチームづくりが進められた。

報道陣の質問に答えて、立川は次のようにコメントしている。

「レベルの高いチームとの試合に出て、体をぶつけることは一番の経験だし、僕ら参加する選手の責任として、この経験を日本ラグビーに還元したいと思います」

感謝のオープニングマッチ

開幕戦は2016年2月27日に行われた。相手は、南アフリカのライオンズ。秩父宮ラグビー場は1万9814人の観衆で埋まった。日本で初めて開催されるスーパーラグビーをひと目見ようと集まったファンだったが、その多くは、選手たちに感謝の念を抱いているように感じられた。参戦が危ぶまれたチームに飛び込み、日本ラグビーの未来のために体を張る選手たちを応援しようという空気である。

「ウェールズのときと同じように、すごく嬉《うれ》しかった」

立川理道は13番を背負っていた。本来は10番か12番をつける選手なのだが、10番はトゥシ・ピシが、12番には田村優《ゆう》が入った。13番はアウトサイドセンターともいわれ、ゲームをコントロールするよりも突破型の選手が務めることが多い。だが、サンウルブズには専門職のアウトサイドセンターがいないため、最もサイズがあって、突破力もある立川に白羽の矢が立った。

「12番のほうが慣れているし、相手との間合いとか、やりやすいけれど、新しいポジションにチャレンジすることを楽しもうと思いました」

ライオンズには13－26で敗れたのだが、粘り強いディフェンスとテンポのいい攻撃で、このレベルでも十分に戦える手応えをつかんだ。

しかし、その後も連敗が続く。そんななかで、立川理道の存在感は試合ごとに高まる。10番から15番まですべて海外出身の選手で固められた試合でも、立川はスタメンから外れなかった。

悪夢のような試合が訪れたのは、4月15日（現地時間）である。サンウルブズは、3月26日にシンガポールで南アフリカのブルズと対戦し、その後は南アフリカへ遠征。各地を転戦しながら、キングズ、ストーマーズ、チーターズという南アフリカ勢との3連戦に臨んだ。現地では食事が合わずに下痢をする選手が続出するなど、過酷なツアーとなった。

その最終戦のチーターズ戦で、サンウルブズは17－92という、スーパーラグビー参戦後、最多失点で敗れてしまう。13番で先発した立川も、どうすることもできなかった。

「僕は、マレ・サウや松島幸太朗のように、一人でディフェンスを抜いて状況を打開できる選手ではない。13番は、相手との間にスペースがあるので、攻守にわたって個人の能力が大事になってくる。僕はパスやタイミングで抜くタイプです。チーターズ戦で、それを痛感しました」

リーダーとしての不甲斐《ふがい》なさも感じた。試合中、田邉淳《たなべあつし》コーチから叱られた。

「ハルの体から、あきらめムードが漂っている。リーダーとして全然だめだ」

その言葉通りだった。

「チーム全体の雰囲気に自分のプレーも引きずられていました。どんな状況でも、リーダーは前向きに行かなくてはいけない。それを痛感する試合でした」

大敗後、立川が真っ先に考えたのは、日本にいるチームメイトのことだ。

「遠征にも参加できず、この大敗を見たら、試合機会の少ないメンバーは悔しいだろうな」

立川は自問自答した。

「日本代表にあった大義が、サンウルブズにはない。サンウルブズに参加する意義は、一人ひとり違う。日本ラグビーのためと思っている選手もいるし、ここでアピールして他チームに誘ってほしい選手もいる。これから日本代表を目指す選手にとっては、サンウルブズでのプレーで自らのレベルを上げることができる。でも、このチームのために、という気持ちがなくてはいけないのではないか。このチームが好きだという気持ちがなければ、頑張れないのではないか」

そう考えると、遠征に参加できず、悔しい思いで日本にいるメンバーの

スーパーラグビー初戦の場内に掲げられたサポーターの応援旗

ことが気になった。クボタスピアーズのチームメイトで、サンウルブズにも招集された井上大介にメールすると、「クボタの雰囲気はすごくいいよ。サンウルブズに戻っても俺は試合に出られないから、このままクボタに残ったほうがいいのかな」という趣旨の返信があった。

「井上はそういうことを言うタイプの人間ではないので、精神的にしんどいのだろうと感じました。だから、遠征中でも何かできることはないかと考えました」

立川は、ブランビーズで苦労した日々を思い出した。スーパーラグビーの舞台には立てなくとも、毎週のようにクラブチームの試合には出ていた。そこでいくら良いパフォーマンスをしても、ブランビーズには引き上げてくれない。自分には居場所がないのだと感じた。そんな思いを、サンウルブズの選手にしてほしくなかった。

立川は、日本に残っていたメンバーそれぞれに近況を尋ねるメールを送った。

「調子はどうですか?」という短い文だが、逆に、立川の現状を気づかう返信があった。マーク・ハメットヘッドコーチにも、待機中の選手たちにメールを送るようお願いした。ハメットは快く応じてくれた。そんなコミュニケーションが、チームの雰囲気を変えていく。

田邉コーチに相談し、帰国後に全員でチームディナーに行くように持ちかけた。立川の発案で、屋形船で東京湾クルーズをすることになり、帰ってきた週の火曜日に行われた。

堀江が司会を務め、食事にカラオケ、みんなでゲームと、大はしゃぎ。外国人選手たちも大喜びだった。チームの結束は再び強まり、次の練習での士気も高まった。

2015年のW杯までは、廣瀬俊朗や五郎丸歩といったリーダーが、いろいろな企画を考えてチームの結束力を高めてくれた。そんな姿を見てきたことが、サンウルブズのリーダーグループに入った立川の行動に生きたのだ。

「日本人だけであれば、何度もミーティングをして話し合えばいいかもしれない。しかし、多国籍の選手たちをまとめるためには、アレンジが必要です。その一つが屋形船だったということです」

歓喜のジャガーズ戦

帰国後の第1戦は4月23日、秩父宮ラグビー場で行われた。相手は、ほぼアルゼンチン代表でメンバーを固めたジャガーズである。

8連敗。一向に勝てないサンウルブズではあったが、観客は1万4940人。開幕戦より減ってはいるものの、現状を考えれば、来てくれる観客に感謝しなくてはいけない。立川理道は、スーパーラグビー開幕以来、初めて12番のジャージーに袖《そで》を通した。それまで、コーチングスタッフからは「ベストポジションでないのは分かっているけれど、しばらく13番をやってほしい」と言われていた。前向きに取り組んできたが、自分の強さが出せるのは12番だという思いがあった。

「そのチャンスが来たら、いいパフォーマンスをしたい」

ずっとそう考えてきた、その日が来たのだ。

「このままジャガーズに負けるようなことがあったら、ファンも離れていくという危機感がありました」

この日のサンウルブズは高い集中力を見せた。前半5分、トゥシ・ピシのペナルティーゴールで先制した後、ジャガーズに2トライを献上したが、笹倉康誉《ささくらやすたか》が左コーナーに飛び込んで10－10の同点とする。

観客席が大いに沸いたのは、16－25と、ジャガーズに9点のリードを奪われていた後半16分のトライだ。ジャガーズ陣内深く攻め入ったスクラムからの攻撃。スタンドオフのトゥシ・ピシからパスを受けた立川は、自身の背後を外側に走ったピシにパスをすると見せかけ、縦に走り込んできた13番のデレック・カーペンターに短いパスを送った。高校、大学で磨いてきた、防御ラインに接近してのフラットパスである。ものの見事に抜け出したカーペンターがトライをあげ、スコアは23－25と2点差に迫る。

「その前に同じプレーを仕掛けたとき、ジャガーズのディフェンスが外に流れていたので、カーペンターとピシと相談して、裏を突きました」

互いにペナルティーゴールを決め合って、29－28と、サンウルブズが1点をリードしたまま、時間はノーサイドの80分になろうとしていた。なおも攻め続けるサンウルブズに、観客席から祈りにも似た声援が届く。

最後はジャガーズ陣ゴールライン直前でのスクラムから、ピシがゴールに迫る。素早くサポートした立川理道がゴールポスト下に飛び込むと、観客席のサポーターは総立ちになった。ボールを天高く投げ上げ、立川もガッツポーズで応えた。

「苦しい時間帯、スタジアム全体の歓声が力になりました。最後のトライで喜びが爆発しました。選手とスタッフが一丸となって前向きに取り組んだ結果です。僕は、ほかにとりえがないので、一生懸命さと、ひたむきさを出せたのは良かったと思います」

先頭に立ってチームを引っ張ってきた堀江翔太が泣いていた。ニュージーランド人のハメットヘッドコーチも涙を流した。

「選手たちはグラウンドの内外でハードワークを重ねていました。その努力が結果に表れていないと感じていました。思いがけず、涙が出ました」

「歴史的勝利を日本で達成できたことを誇りに思います」と堀江キャプテン。さらに、九州・熊本と大分での地震についてふれ、「この試合に勝って、九州に勇気と元気を届けたかった」と、それが大きなモチベーションだったとコメントした。

立川は、最後の勝利を決定づけるトライだけでなく、何度もボールを持って前進したほか、ディフェンス面でも勝利に貢献。スーパーラグビーの「チーム・オブ・ザ・ウィーク」（週間ベスト15）に選出された。

いつしか立川理道は、スーパーラグビー屈指のセンターに成長を遂げていたのである。不慣れな13番を経験したことも糧《かて》になった。

「13番の大変さが分かったので、12番のときもサポートしたい気持ちになりましたね」

5月21日、オーストラリアに遠征してのレッズ戦では、同チームに所属する五郎丸歩、ツイヘンドリックというW杯の日本代表メンバーと再会を果たした。

「五郎さんは、『新しい環境で新鮮。しんどいことも多いけど、楽しんでいる』と話していました。僕もブランビーズのとき、試合に出られなくて苦しんだから、その気持ちと少し似ているのかな、とは思いましたね」

試合は、25－35でサンウルブズの負け。試合中に五郎丸が肩を痛め、6月の日本代表戦に出場できなくなるというアクシデントもあった。

テストマッチのリーダー

5月、6月は日本代表戦の季節である。5月はサンウルブズの活動と、日本代表が出場するアジアラグビーチャンピオンシップが重なったため、日本代表は若手主体の編成で香港、韓国と戦った。

立川は6月から合流し、カナダ遠征に出かけた。キャプテンの堀江翔太は疲労の蓄積もあって、この遠征メンバーから外れ、カナダ戦は立川がキャプテンとしてチームをまとめることになった。テストマッチのキャプテンを務めるのは初めてだった。

「緊張はしなかったのですが、勝って当然の雰囲気があったし、プレッシャーはありました」

この試合は、スコットランド戦前に代表チームをまとめ上げる大切な試合だった。スコットランドは、前年のW杯で日本代表が唯一敗れた相手であり、「リベンジ・マッチ」として注目される試合だった。会場は２０１９年、日本で行われるW杯の試合会場にもなっている、愛知の豊田スタジアム（6月18日）、東京の味の素スタジアム（6月25日）。午後7時20分にキックオフの試合は、民放で生中継されることになっており、それを盛り上げるためにも、カナダには絶対に負けられなかった。

しかし、メンバーは堀江、五郎丸ほか、怪我《けが》のリーチ マイケルらが不在。これで勝てるのかと不安になる人も少なくなかっただろう。

「スーパーラグビーでタフな経験を積んだこともあって、相手の強さは感じなかったです」

最終スコアは26－22。スタンドオフで先発した田村優が、トライ後の2本のゴールと、4本のペナルティーゴールを完璧に決めての勝利だった。このほか、プロップ畠山健介、スクラムハーフ田中史朗、フルバック松島幸太朗らW杯の主力メンバーがワンランク上のプレーを見せ、宇佐美《うさみ》和彦《かずひこ》（キヤノンイーグルス）、小瀧《こたき》尚弘《なおひろ》（東芝ブレイブルーパス）といった、次代を担う若い選手が及第点のプレーを見せたことは、日本ラグビー全体のレベルアップを感じさせた。

スコットランド代表との2試合は、13－26、16－21という連敗だった。豊田スタジアムでは2万4113人、味の素スタジアムでは3万4073人。実数で観客数を発表するようになって以来、日本代表戦では最多の観客数を更新した。ほぼベストメンバーのスコットランド代表に対し、2試合続けての接戦は、日本ラグビーの地力アップを証明するものではあった。しかし、選手たちは心底悔しそうな表情を見せた。

「ファンの皆さん、申し訳ありませんでした」

試合後のインタビューでファンに詫《わ》びたのは田村優だ。立川も同じ気持ちだった。

「人気を定着させるために必要なのは勝利です。それはW杯で誰もが感じたことです」

ただし、選手を責めることはできない。エディー・ジョーンズ後のヘッドコーチがなかなか決まらず、ようやく決まったジェイミー・ジョセフは、ニュージーランド協会との契約が2016年8月まで残っており、それまではスーパーラグビーのハイランダーズの指揮を執ることになっていた。

仕方なく、サンウルブズのヘッドコーチを務めていたマーク・ハメットが6月の日本代表戦のヘッドコーチ代行を引き受けたのだ。

「ハメットさんには感謝しています。苦しい時期にヘッドコーチを引き受け、いつも前向きで僕らの話もよく聞いてくれました。誰のせいにもせず、僕らの次のことを考えてくれていた。ありがたかったです」

スコットランド代表戦の試合後、インタビューに答える

指揮官が定まらないなかで戦う選手たちには、心身ともに負担がかかっていた。こうした環境面についても、立川は意見を言うべき立場になってきた。

２０１６年5月31日には、「一般社団法人日本ラグビーフットボール選手会」（ＪＲＰＡ）が発足した。会長は廣瀬俊朗（代表理事）、川村《かわむら》慎《しん》（ＮＥＣ）、和田《わだ》拓《たく》（キヤノン）

が理事に、小野晃征（サントリー）が幹事に名を連ねる。選手の環境改善、ラグビーの普及活動、社会貢献が主な柱だ。立川も賛同している。

「選手一人ひとりが日本代表を目指しやすくする環境づくりも大事です。ラグビー協会に対して、自分たちからも声を上げていきたい。変えるなら、いま。２０１９年のときに、４年前もこんな環境だったと言わなくてもいいように、選手として、しっかり意見も言いたいと思っています。選手の権利が軽視されているようにも思います。お金がすべてではありませんが、環境に恵まれている選手がいないと、子供たちもラグビー選手になりたいと思わないでしょう」

日本ラグビーを引っ張っていくリーダーの一人として、自覚が芽生え始めている。

「ラグビーは、２０１９年のＷ杯で終わりではありません。次の２０２３年大会も、その後もずっと続いていく。そこに向かって日本ラグビーがどう変わっていくべきなのか、考えていきたいと思います」

ホーム最終戦

7月2日、秩父宮ラグビー場では、スーパーラグビーのサンウルブズ対ワラターズの試合が開催された。今季は参加18チームが、レギュラーシーズンで15試合ずつを戦い、上位8チームによるプレーオフトーナメントが行われることになっていた。

サンウルブズにとっては13試合目。ホームでの戦いは、これが最後だった。ワラターズは、主力選手のほとんどがオーストラリア代表キャップを保持するスター軍団である。少しでも集中力を切らせば、大敗の危険すらある強豪チームだった。

前日、秩父宮ラグビー場で行われた練習には、前日本代表ヘッドコーチ、エディー・ジョーンズの姿があった。マーク・ハメットと意見交換し、その後、報道陣の取材に応じた。

「サンウルブズは素晴らしい成果をあげていると思います。短い準備期間のなかで、よくやっていると言えるでしょう。マーク・ハメット氏はじめ、コーチ陣の仕事ぶりに、日本ラグビー協会は感謝しなくてはいけないと思います」

ジャガーズ戦の1勝のみで、苦しい戦いを続けるサンウルブズに対して厳しいコメントがあるのかと思いきや、愛情あふれるコメントだった。本来なら自分が担当するはずだったチームを引き受けてくれたことへの感謝の念も、言外にあったのかもしれない。

イングランド代表のヘッドコーチとして、7月時点で9連勝中のエディー・ジョーンズは、いまや世界で最も影響力のあるコーチだ。それでもサンウルブズ、日本代表については大きな関心を持ちながら見ているようだ。報道陣からワラターズ戦の注目選手について質問が出ると、真っ先に立川理道の名前を挙げた。

「ハルでしょう。スーパーラグビーのシーズンを通して、真のインターナショナルレベルの選手に成長を遂げています。その活躍は非常に印象的です」

淡々と語ったが、その表情はどこか嬉しそうだった。自ら発掘し育てた選手が、一時期は不振にあえぎながらも着実に成長しているのだ。口元がゆるむのは当然かもしれない。

翌日、秩父宮ラグビー場は30度を超える気温と蒸し暑さで、じっとしていても汗が出る過酷な環境だった。この日は、チームのキャプテンである堀江翔太が肘《ひじ》を痛めて欠場したため、立川がキャプテンを務めた。

この試合前まで、サンウルブズは12試合をこなし、1勝1分け10敗。個々の選手で見ると、ほとんどの試合に先発し、グラウンドで戦った時間が800分を越える選手は5人。アンドリュー・デュルタロ、エドワード・カーク、リアキ・モリ、リアン・フィルヨーン、そして立川理道である。それは、タフな日程と長距離移動で行われるスーパーラグビーで、文字通り「実力者」と認められている証《あかし》でもあった。

「目立った選手がいるチームではないので、組織で戦いたい」

試合前の立川キャプテンは、険しい表情をしていた。勝ち星が思うように挙げられないなかで、応援し続けてくれるファンを喜ばせたい。そんな気持ちが表情に出ていた。

しかし、ふたを開けてみると、サンウルブズが健闘できたのは前半のみ。後半は、ずるずると失点して突き放された。前半のディフェンスを見ながら戦術を修正し、ディフェンスの届かない位置にボールを動かし、タックルされながらも正確なパスを出す。ラグビーというゲームの駆け引きの面白さを見せつけたワラターズに、ただただ脱帽するしかなかった。

立川理道は、立ち上がりからワラターズの選手と堂々渡り合い、タックルしたままボールを奪って前に出るなど見せ場をつくったが、激しいコンタクトに何度か倒れるシーンもあった。前半を終えたところで脳震盪《のうしんとう》の疑いがあり、ドクターのチェックを受けた。「問題なし」とゴーサインが出たのだが、大事をとってそのままベンチに下がった。試合後の記者会見には姿を見せたが、その表情はどこかうつろだった。

「前半で交代してしまったので、全体的なことは語れませんが」と前置きしたうえで、「サンウルブズがボールをキープして攻めているときは、相手もスピードについていきてなかったと思います」と悔しさをにじませた。

報道陣から「今季のスーパーラグビーで学んだものは？」と問われると、「この経験は、個人個人の能力アップにつながります」と答え、タフな環境に身を置いたことこそが、学びであったと説明した。

翌日、立川理道はチームメイトと共に南アフリカ遠征に旅立った。

「このチームでプレーできるのも、あと2試合。その思いをぶつけたいです」

堀江とともに中心になってチームをまとめてきたからこそ、いったんチームが解散になるのが少し寂しげでもあった。

スーパーラグビー、6月の日本代表戦での経験を経て、立川はさらにひと回り成長したのかもしれない。発する言葉は、日ごとに力強さを増している。

「ハイレベルな試合を経験しないと、テストマッチでは活躍できません。スーパーラグビーのトップチームと戦えるのは自信になります。エディーさんは、（タフな試合が少なかった分）厳しい練習でそこを培いましたが、それができないのであれば、個人がレベルアップするのはスーパーラグビーだと思うし、所属チームに帰ってからの自分の練習だと思う。そこはやっていきたいです」

サンウルブズは、この後、南アフリカの地でブルズ、シャークスに連敗。1勝1分13敗という戦績でシーズンを終えた。立川は、ブルズ戦でも脳震盪の疑いがあり、シャークス戦は欠場した。ブルズ戦では少し疲れているようにも見えた。帰国後の記者会見で、そのことを報道陣に問われると、「そういうふうに見えないようにプレーしたかったのですけどね」と、悔しそうに語った。

スーパーラグビー初挑戦の半年間を終えた立川は、自身のツイッターに、次のようにコメントした。

２０１６年、サンウルブズの活動が終わりました。結果は1勝1分13敗。この結果はしっかりと受け止めないといけない。誰もこの結果に満足していない。スタッフ、選手は本当に頑張ったと思います。また、ファンの方々は本当に最後まで熱く前向きに応援してくれていた。それが僕らには救いだった。

でも、W杯後、盛り上がったラグビー人気を継続する為《ため》にも結果がすごく重要。接戦、大敗、それが当たり前になったら、日本ラグビーの未来はない。ここで、得た経験を選手はもちろん、協会も来年に向けて繋《つな》げていく事が必要。まだまだ伸びしろはあるはず。変われるはず。

まぁ、真剣な話はここまで（笑）。スタッフ、選手、ファンの皆さん本当にお疲れさまでした！　サンウルブズが好きだから最後まで頑張れました！　そんなチームを作ってくれたハマー（マーク・ハメットヘッドコーチ）と堀江キャプテンには感謝しかないです。スタッフも最後まで選手を信じてくれてありがとうございました！

サンウルブズ、さいこー!!　さぁ、切り替えてトップリーグで頑張ります!!!

期待

ずっと立川理道を見てきた井上大介は、理道のプレーヤーとしての長所を「一生懸命なところ」と表現する。

「そこが一番すぐれていると思います。どんな試合でも全力を尽くし、ディフェンスには一番に帰っているし、ひたむきです。ハルの良さは、パスとか接近プレーとか言われるけれど、試合を見ていると、やっぱり、こいつ（ディフェンスに）戻ってるなって感心するんです」

高校時代のコーチ、松隈孝照は言う。

「ハルの良さは、勝ちたいという気持ちをプレーに体現できることです。足は遅いけれど、バッキングアップの速さは凄《すご》い。危ないところには必ずいます。それが、勝ちたいと思って戦っている姿だと思います。根本はめちゃくちゃ負けず嫌いです。でも、それはラグビーだけなんです。ラグビーにだけストイックで、ラグビーだけは負けたくないんです」

理道が尊敬する兄・直道は、弟の今後に期待を込める。

「世界に認められる選手になってほしいというのはあります。ただ、ラグビーが上手になるだけではなく、ラグビーを広め、ラグビーの価値を上げることのできる選手になってほしい。日本社会のなかでどれだけメジャーなスポーツにしていくかというとき、トップ選手には大事な役割がある。その中心選手になってほしいのです」

弟たちに対して一度も怒ったことがないという長兄の教道は、穏やかな表情で願いを語った。

「上に行けば行くほど、下のことが見えてこなくなるものです。そこは大切にして、忘れずにいてほしい。天理のラグビーをしている子供たちからすれば、ハルは大きな存在です。そういう立場だからこそ、地元の子供たち、日本の子供たちがラグビー選手を目指したいと思えるような選手であってほしいと思います」

ここ数年、立川理道は、さまざまなタイプのリーダーに会ってきた。自分もそうしたリーダーの一人にならなくてはいけない、という思いもある。

「廣瀬さんは全く怒らない。でもそれは、楽なほうを選ばないという見方もできます。怒鳴ってしまえば簡単なところを、そうではないアプローチで選手に接していく。これまで会ってきたリーダーとは違う人です。たとえば、僕がアジアラグビーチャンピオンシップで初めて日本代表戦に出場したときのことです。普通は、試合前のロッカールームは、キャプテンが選手たちの気持ちを鼓舞するものです。僕もキャプテンのときは、そうしていました。でも、廣瀬さんは淡々としている。『楽しみやね。さあ、行こう』と。自分の言葉で、自分のやり方でやっている人だと感じました。感心したのは、試合が終わると、試合に出られなかったメンバーとかスタッフに、必ず感謝の言葉をかけることです。気づきにくいところに気づく人。リーダー

W杯の優勝チームに贈られる
「ウェブ・エリス・カップ」
（写真提供＝Getty Images）

として勉強になりました。

　リーチさんも、日本代表のキャプテンになった当初はプレーで引っ張ればいいと思っていたようですが、2年目には変わった。もっと自分の言葉でしゃべったほうがいいと気づいたのです。リーチさんは、ナチュラルなリーダー。プレーで引っ張り、みんなを勇気づける。そこが僕らの心に響きます。

　堀江さんは自分を持っている。マイペースで、あっさりしていますが、自分の考えをきちんと言葉にしてくれる」

　キャプテンらしくではなく、自分らしくあること。それが大事であることを、それぞれのリーダーから学んだ。2019年、日本で開催されるW杯の日本代表のキャプテンが誰になっているかは分からない。しかし、立川理道が、その有力候補の一人であることは間違いない。

　英会話の勉強もリーダーとして大切な要素だと考えている。レフリーとのコミュニケーションだけではなく、「（外国出身者を含む）選手間のコミュニケーションをとりたい」からだ。

「今後の僕の一番の課題かもしれません」

いま、明確に意識するのは２０１９年だ。ここで、２０１５年の成績を超えるのだ。

「そのために、目の前の練習、一つひとつの試合に取り組む。そして一年一年、勝負していきたいと思っています」

かつて松隈は、立川に対して冗談交じりにこんな言葉をかけたことがある。

「ラグビーの一流選手は、どこか変わってるな。一癖も二癖もある。おまえは真面目すぎるから、ダメかもしれんな」

すると、立川は答えた。

「じゃあ僕は、真面目にやる凄い選手の第1号になります」

その思いは変わらない。立川理道は、真っすぐに自分の信じる道を突き進む。

あとがき

母のみどりさんによると、四兄弟の末弟である理道は、お腹《なか》にいたときから元気いっぱいだった。

「兄弟のなかで理道が一番暴れましたね」。足でお腹を蹴られると、痛いほどだったそうだ。その話を聞いたとき、タックルされながら、もがくように前進する立川理道の姿が重なって、微笑《ほほえ》ましかった。

今回の取材のなかで、昨年のW杯後、いろいろなイベントに出たり、有名人に会ったりしたと思うけど、どれが一番嬉《うれ》しかったですか？　と質問したことがある。美しい女優さんの名前が挙がるのかと思ったら、「よしもとラグビー新喜劇です」と即答した。

子供のころからテレビで見ていた、なんばグランド花月の舞台に立ち、ラグビーを題材にした新喜劇を演じたことが嬉しかったらしい。喜劇役者・島田一《いち》の介《すけ》の「すんまへん！」のギャグには、舞台上でゲラゲラ笑っていた。

「いつもテレビで見ている芸が見られれて、我慢できなくなって」

本書は立川理道の成長物語である。ラグビースクール、中学、高校、大学、社会人と、それぞれのカテゴリーで理道に関わった監督やコーチの証言がたびたび出てくる。ほぼすべての人が、彼の良さを「一生懸命」「ひたむき」と表現した。常に向上心を失わず、何事にもベストを尽くした末、彼は世界トップクラスのプレーヤーへと成長を遂げた。グラウンドでの献身的なプレーは、多くのファンの心をつかむ一方で、素顔は元気いっぱいに遊んだ少年時代の面影を残している。家族の愛情に包まれ、順風満帆《まんぱん》に進んだように見える人生のなかにも、幾多の困難があった。立川理道は、それを真正面から乗り越え、逞《たくま》しく成長してきた。

筆者自身、立川理道のことは天理大学時代から注目していた。ディフェンスラインに接近して放たれるパスが、受け手に優しく、正確だったからだ。その立川を育て、導いた「天理ラグビー」にも興味があった。なぜ天理にラグビーが根づき、小さな選手が大きな選手を倒すスタイルが脈々と受け継がれているのか。今回、その一端を紹介できたことを嬉しく思っている。

取材する過程で、日本代表の快挙についても、さまざまな人に話をうかがった。多くの人が歴史的勝利に涙していた。その代表チームのメンタルコーチ荒木香織さんの言葉で、印象に残っているものがある。

日本代表選手たちに、何か共通点はありますか？　と質問したときのことだ。

「高校、大学で日本一を経験していない人が多いですね。すごくラグビーが好きで、みんな優しかった。黙々とチームのためにプレーし、人に共感できる選手が残っている気がしました。わがままな選手は一人もいなかったです」

日本ラグビーの歴史を変えた男たちは、ラグビーが大好きで、優しくて、思いやりの心を持っていた。ラグビーを愛する人々は、そのことを知るだけでも嬉しくなるだろう。その代表的な選手が立川理道だ。

２０１５年Ｗ杯での快挙、２０１６年のスーパーラグビー初参戦、そしてスコットランド来日シリーズ、ハイレベルな試合が続いたなかで、立川理道は常にその中心にいた。そして、成長し続けた。いまや、立川理道抜きの日本代表もサンウルブズも考えられない。２０１９年、日本開催のＷ杯で、立川理道は29歳になっている。選手として脂《あぶら》の乗りきった時期に、日本で初開催される世界最高の舞台を踏めるのは幸運と言えるだろう。次代を担うリーダーの一人として、日本代表チームを牽引《けんいん》してもらいたい。

執筆に当たり、立川選手に何度も会って話を聞かせてもらった。２０１６年の上半期だけを見ても、試合を重ねるたびに立川理道の存在感は大きくなった。７月20日、クボタスピアーズの新キャプテンに就任することが発表された。高校、大学に続いて、兄・直道の後を継ぐことになったわけだ。こうして書かなければいけないことが更新されていく過程には胸が躍る。

タフな戦いの日々でも、立川理道はいつも穏やかな表情をしていて、安心して取材することができた。取材中、彼の宗教観を感じることはほとんどなかったのだが、大きな怪我《けが》が少ない頑健な肉体について聞いたとき、こんなコメントが返ってきた。

「両親はいつも健康に感謝しなさいと言います。そして、神殿に参拝して僕に怪我がないようにお願いしてくれています。僕も『健康感謝』という言葉が好きで、怪我をしていないときも健康に感謝しています。そういうことが、怪我の少なさにつながっていると僕は信じています」

立川理道の根っこにある強さを、垣間《かいま》見た気がした。

立川理道選手のご両親、ご兄弟をはじめ、今回、取材にご協力いただいた皆様にお礼を申し上げます。執筆のチャンスを頂き、温かく見守ってくださった道友社の松本泰歳《やすとし》さん、吉村恵理《えり》さんにも、心より感謝いたします。そして、最後まで読んでくださった読者の皆さん、ありがとうございました。

次は、ラグビー場でお会いしましょう。

2016年9月

村上晃一

ラグビーのポジション図

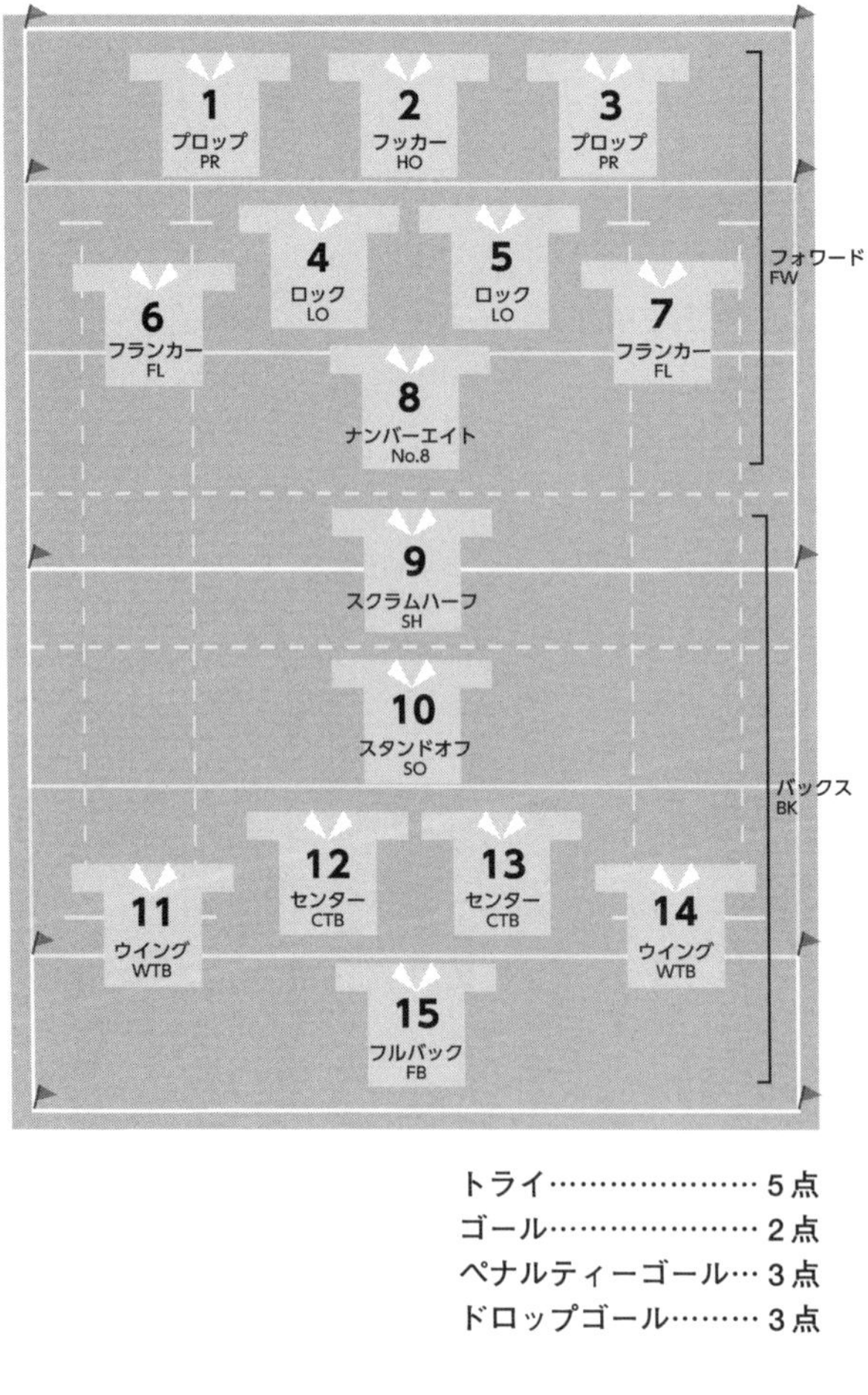

トライ……………………5点
ゴール……………………2点
ペナルティーゴール…3点
ドロップゴール………3点

日本・天理ラグビー略年表

この年表は、日本と天理におけるラグビーに関する主な出来事を収録したもの。各年の出来事は順不同。全国高校大会など試合日程が年をまたぐものは、大会開始の年をもとに記載した。[テ]は日本男子代表のテストマッチ（特に記載のない場合は国内での試合）、[訪]は海外チームの天理への来訪を、●は立川理道選手の歩みを表す。（文中、敬称略とする）

和暦	西暦	日本ラグビー	天理ラグビー
明治7	1874	日本で記録に残る初めてのラグビー試合がイギリスの船員らによって横浜で行われる	
32	1899	英・ケンブリッジ大卒業生のエドワード・B・クラーク教授と田中銀之助が慶應義塾大の学生にラグビーを紹介	
34	1901	日本人による最初の試合、慶應大対横浜外人クラブ（ＹＣＡＣ）戦が行われる	
41	1908		旧制天理中学校設立（現在の天理中・高の前身）
44	1911	慶應大対第三高等学校（現・京都大学）による日本人同士の初試合が行われる	
45 大正1	1912	現在も続く日本最古の定期戦、慶應大対同志社大戦が行われる	

大正7	1918	第1回アソシエーション式・ラグビー式日本フットボール優勝大会開催（現・全国高等学校ラグビーフットボール大会）	
11	1922	早稲田大と慶應大の定期戦〝早慶戦〟始まる	
13	1924	関東ラグビー蹴球協会設立	旧制大阪高等学校ラグビー部が旧制天理中学校の寄宿舎で合宿練習　郡山中学出身の選手に「天理でもラグビーを」と持ちかけられた二代真柱・中山正善は、当時の旧制天理中学校の教頭・堀越儀郎にラグビー部創設を指示
14	1925	慶應大が上海へ日本初の海外遠征 西部（現・関西）ラグビー蹴球協会設立	天理外国語学校設立（天理大学の前身）　旧天理中と天理外国語学校にラグビー部が創設される
15	1926	日本ラグビー蹴球協会設立（現・日本ラグビーフットボール協会）	
昭和1		第1回全国高等専門学校大会開催	
3	1928	朝鮮と満州（当時）にラグビー協会発足（西部協会の支部） 日本協会は競技規則制定委員会を組織、「競技規則」を制定 第1回全日本東西対抗試合開催、秩父宮杯が授与される	旧天理中、第10回全国大会初出場（1回戦）

4	1929	日本ラグビー協会専属花園ラグビー場（現・東大阪市花園ラグビー場）が竣工（日本初のラグビー専用グラウンド）	
5	1930	香山蕃（のちの日本ラグビー協会会長）を監督に日本代表を結成し、カナダ遠征で代表初のテストマッチ（1分《わけ》） セブン・ア・サイド大会（7人制）が日本初開催 日本協会から『ラグビー』創刊（のちに休刊） 台湾ラグビー協会発足（西部協会の支部）	旧天理中、第12回全国大会出場（1回戦） 天理外国語学校、第5回全国高専大会初出場
6	1931	法政大が長野・菅平で夏合宿を始める	旧天理中、第13回全国大会準優勝（3－34京城師範） 天理外国語学校、第6回全国高専大会出場（ベスト4）
7	1932	[テ]国内初、カナダ代表相手に2勝	月一回、卒業生が集まり試合を行うようになる（OB会の始まり）
8	1933		旧天理中、第15回全国大会準優勝（5－32京城師範）
9	1934	関東協会から『Rugby Football』創刊（37年に休刊） [テ]豪州学生選抜（1勝1敗）	天理外国語学校、第9回全国高専大会出場（ベスト4）
10	1935		旧天理中、第17回全国大会出場（ベスト4）

昭和11	1936	[テ]NZ大学選抜が初来日（1分1敗）	旧天理中、第18回全国大会で初優勝（14－5神戸一中）、二代真柱が『臥薪十年』揮毫 天理外国語学校、第11回全国高専大会出場（ベスト4）
12	1937		旧天理中、第19回全国大会出場（1回戦）
13	1938		旧天理中、第20回全国大会出場（ベスト8）
14	1939	戦争を前に、ラグビーボールが配給制に	
17	1942		旧天理中、第24回全国大会出場（ベスト4）
18	1943	ラグビーは「闘球」に、スクラムが「整集」、トライが「達成」、タックルは「挺倒」、ノックオンは「前揆」などへと改称 学徒動員体制に伴い部活動は全面中止	旧天理中、天理外国語学校、戦時下の影響で徐々に活動休止に追い込まれる
20	1945	第二次世界大戦終戦後1カ月、京都大グラウンドで復活試合開催	
21	1946	第16回全日本東西対抗試合が復活 第1回国民体育大会が京阪神地区で開催（ラグビーの会場は西宮市）	天理語学専門学校（昭和19年に外国語学校から改称）ラグビー部が復活
22	1947	秩父宮殿下が日本ラグビー協会総裁に就任	旧天理中ラグビー部が復活

		九州ラグビー協会創設、西部協会は関西協会に改称 東京ラグビー場（現・秩父宮ラグビー場）竣工	学制改革に伴い、旧制天理中学と天理第二中学、天理高等女学校から、新制天理中学校が発足
23	1948	学制改革により新制大学や高校制度が発足	新制天理高校が発足
24	1949	第1回全国実業団大会開催 ルール変更、ドロップゴールが4点から3点に	天理大学が発足
25	1950		天理中にラグビー部創設
26	1951	日本協会から『ラグビーフットボール』創刊 九州地区で第1回九州地区大学トーナメント大会開催 第1回新制大学大会開催（現・全国地区対抗大会）	
27	1952	[テ]英・オックスフォード大（2敗）	天理高、第31回全国大会に発足後初出場（1回戦）
28	1953	第5回全国社会人大会（全国実業団大会から改称） [テ]英・ケンブリッジ大（2敗）	天理高、第32回全国大会出場（1回戦） 天理学寮「北寮ラグビーチーム」創設 [訪]英・ケンブリッジ大が香山蕃理事長と共に
29	1954		天理高、第33回全国大会出場（1回戦） のちの日本代表（ノンキャップ）蓬田和志、天理高第二部卒業（近鉄）

昭和30	1955		天理大学体育学部設置 天理高、関西7人制大会初優勝(5－3夕陽丘高)
31	1956	日本協会、財団法人として認可 [テ]豪州学生選抜(3敗)	天理高、第35回全国大会出場(ベスト8)、年末から開催の第36回全国大会にも出場(2回戦)、 天理高と洛北高(京都)との第1回定期戦 須藤孝(52年天理高卒→日本大学→川崎重工)が豪州学生選抜戦で初キャップ [訪]豪州学生選抜、K・E・ウォルシュ監督が天理高を指導、のちにトロフィーが寄贈される
33	1958	[テ]NZ・オールブラックスコルツ(U23)(3敗)	天理高、第37回全国大会出場(1回戦) 天理高第二部ラグビー部創設(農事部ラグビー部) [訪]NZ・オールブラックスコルツ、天理中・高の練習を指導しハカも披露
34	1959	第1回YCACセブンズ大会開催 [テ]カナダ・ブリティッシュコロンビア(BC)州代表(1分1敗)　オックスフォード・ケンブリッジ大学連合(2敗)	天理高、第38回全国大会出場(1回戦)
35	1960		天理高、第39回全国大会出場(1回戦)
36	1961	第1回NHK杯開催(現・日本選手権) カナダ・BC州のキャッツクラブが来日	天理高、第40回全国大会出場(2回戦)

37	1962	[テ]仏学生選抜(認定外試合、2敗)	天理高、第41回全国大会出場(ベスト8)、国民体育大会に奈良県から単独チームで出場し初優勝(13－3秋田工) [訪]仏学生選抜
38	1963	この年から全国高校大会が花園ラグビー場での開催へ移行 [テ]戦後初のカナダ遠征(1勝)	天理高、第42回全国大会優勝(27年ぶり2度目、8－3北見北斗)、第6回関西スポーツ賞受賞 天理大、関西Aリーグ参戦
39	1964	NZ・カンタベリー大が来日 第1回日本選手権開催(NHK杯から改称)	天理教校専修科ラグビー部設立 天理高第二部、第43回全国大会初出場(天理高も出場、ともに1回戦) のちの日本代表(ノンキャップ)三好信雄、天理高卒業(天理大→京都市役所) [訪]NZ・カンタベリー大、天理大をコーチ
40	1965	第1回全国大学選手権大会開催 日本代表、第1回強化合宿 日本協会、秩父宮ラグビー場を会場に東京ラグビースクール開校	天理高、第44回全国大会準優勝(3－6秋田工)、国民体育大会で3年ぶり優勝(37－5崇徳高)、韓国・大邱商業高と日韓親善試合(花園で行われテレビ放送も)
41	1966		天理高、第45回全国大会準優勝(5－6盛岡工)、ラグビー部専用寮「勾田寮」開設 天理大、大学選手権初出場(1回戦)

昭和42	1967	[テ]NZ大学選抜（2敗）　豪州・イースタンサバーブス（認定外試合、1勝）	天理高、第46回全国大会優勝（4年ぶり3度目、14－10京王高）、芝生ラグビー場開き（二代真柱によるキックオフ） 天理高第二部、農事部と普通科の両ラグビー部が合併し現ラグビー部に 大久保吉則（59年天理高卒→法政大→近鉄）と蒲原（藤本）忠正（63年天理高卒→早稲田大→教会本部）がNZ大学選抜戦第5戦で初キャップ、犬伏一誠（63年天理高卒→早稲田大→近鉄）が同第9戦で初キャップ [訪]カナダ・セントジョージズ高がオール天理と対戦　NZ大学選抜、豪州・イースタンサバーブスがオール天理と親善試合
43	1968	アジアラグビーフットボール協会設立 西京極球技場が完成 NZ・ポンソンビークラブが来日 [テ]NZ遠征、NZ代表ジュニア（1勝）　NZ大学選抜（1敗）	天理高と同校第二部、そろって第47回全国大会出場（天理高は2回戦、同校第二部は1回戦） 天理大、韓国ラグビー協会の招聘で韓国遠征 後川光夫（64年天理高卒→早稲田大→リコー）がNZ代表ジュニア戦で初キャップ [訪]NZ・ポンソンビークラブがオール天理と対戦
44	1969	東京・秩父宮ラグビー場で第1回アジア大会開催、日本は全勝優勝	天理高、第48回全国大会出場（ベスト4） 天理よろづ相談所病院「憩の家」ラグビー部創部

45	1970	[テ]NZ大学選抜（3敗） カナダ・BC州代表（1勝）	天理高、第49回全国大会出場（ベスト4）、年末からの第50回全国大会準優勝（9－20盛岡工） 天理大、関西Aリーグ全勝で初優勝 [訪]NZ大学選抜、カナダ代表がオール天理と親善試合 韓国・漢陽工業高と天理高が対戦
46	1971	高校ラグビー50回大会を記念し、高校日本代表が第1回カナダ遠征 第1回高専大会開催 ルール変更、トライが3点から4点に [テ]イングランド代表（3－6で惜敗し2敗）	「やまのべラグビー教室」開設（小学生以下を対象） [訪]イングランド代表 韓国・寧越中が天理中、培材高が天理高第二部とそれぞれ対戦
47	1972	ベースボール・マガジン社から『ラグビーマガジン』創刊 [テ]豪州代表コルツ（1勝1分）	天理高、第51回全国大会優勝（5年ぶり4度目、17－13目黒高）、国民体育大会は準優勝（13－32全福岡） [訪]豪州代表コルツ
48	1973	第1回全国高校東西対抗が行われる [テ]英仏遠征、ウェールズ、イングランドU23、仏代表に3敗	天理高と同校第二部、そろって第52回全国大会出場（天理高はベスト8、同校第二部は1回戦） 天理中、近畿大会初優勝（9－6生野中） 天理大、関西Aリーグで優勝（3年ぶり2度目） 天理ラグビーOBクラブ「OVER40」結成（翌年「オールドベア」に改称）

昭和49	1974	アルゼンチン・ブエノスアイレス大選抜来日 テNZ遠征、NZ大学選抜(1勝1敗) NZ代表ジュニア(1敗) スリランカ遠征(1勝)	韓国ラグビー協会の招待でオール天理遠征 訪韓国・暁明中が天理中と対戦 天理高第二部、単独で第53回全国大会出場(1回戦) 天理大、関西Aリーグ連覇 天理教校附属高校設立と同時にラグビー部創設 田中伸典(72年天理高卒→天理大→トヨタ自動車→教会本部)がスリランカ代表戦で初キャップ 訪天理大、アルゼンチン・ブエノスアイレス大選抜と対戦、韓国・高麗大とラグビー交流 カナダ「オールド・スタイラーズ(オーバー40)」がオールドベアと対戦
50	1975	テ英・ケンブリッジ大(1勝) ウェールズ代表(2敗) 豪州遠征(2敗)	天理ラグビー50周年を記念し、近鉄、同志社大など複数のチームを招いて親善試合、『天理ラグビー 50年の歩み』記念刊行 天理高、第54回全国大会出場(1回戦)、韓国遠征 天理大、NZ・カンタベリー大と対戦(花園で)、関西Aリーグ3連覇 訪ニューサウスウェールズ高校選抜が天理高と親善試合
51	1976	第1回香港セブンズに日本代表が出場 カナダ・BC大、アイルランド・クインズ大	天理高、第55回全国大会出場(1回戦) 天理中、近畿大会で優勝(3年ぶり2度目、6－0

		が来日 [テ]カナダ遠征、カナダ・BC州代表（1敗）英・伊遠征でスコットランド代表、ウェールズクラブ連合、イングランドU23代表、伊代表と対戦（全敗）　NZ大学選抜（1敗）	城東第五中） 天理・同志社大の合同チームとアイルランド・クインズ大による日英国際親善試合 氏野博隆（73年天理高卒→同志社大→三洋電機）がカナダ・BC州代表戦で初キャップ [訪]NZ大学選抜　カナダ・BC大
52	1977	[テ]英・オックスフォード大（1敗）　スコットランド代表（1敗）	天理高、第56回全国大会出場（1回戦）、勾田寮新築 天理中、近畿大会2連覇（18－4東生野中） [訪]韓国・仁川機械工業高が天理高と対戦　英・オックスフォード大　スコットランド代表
53	1978	[テ]豪州・クイーンズランド州代表（1敗）　仏代表（1敗）	天理高、第57回全国大会出場（2回戦）、年末からの第58回全国大会にも出場（2回戦、この大会以降、年をまたいでの開催となる） 田中伸典が仏へラグビー留学 [訪]仏代表　カナダ「エバーグリーンズ（オーバー40）」がオールドベアと対戦
54	1979	[テ]イングランド代表（2敗）　英・ケンブリッジ大（1敗） NZ・タラナキ州代表（認定外試合で1敗）	天理高、第59回全国大会出場（2回戦） [訪]イングランド代表　英・ケンブリッジ大　カナダ「エブタイド（オーバー40）」がオールドベアと対戦

昭和55	1980	第1回全国中学校大会開催 日本代表、アジア大会7連覇達成 [テ]NZ大学選抜(25－25で引き分け)　仏・オランダ遠征(両国に敗戦)	天理高、第60回全国大会出場(3回戦) [訪]NZ大学選抜　英・ロサール高が天理高と親善試合
56	1981	[テ]豪州学生選抜(1点差で辛勝)	天理高、第61回全国大会出場(1回戦) 小松節夫(現・天理大学監督)が仏へラグビー留学(海外布教伝道部の留学生として) [訪]韓国・ソウル師範大付属高が天理高と親善試合　豪州学生選抜　アイルランド・ダブリン大
57	1982	関東大学ラグビー対抗戦〝早明戦〟に6万5千人の観客 日本協会、キャップ制度導入を決定 [テ]カナダ代表(2勝)　NZ大学選抜(1勝、NZで2敗)　イングランド学生代表(1敗)	天理高、第62回全国大会出場(ベスト8) 井上雅浩(76年天理高卒→同志社大→サントリー)がカナダ代表戦で初キャップ [訪]韓国・延世大、養正高、東都中が、それぞれ管内各学校と親善試合
58	1983	キャップ制度導入以前の対象者にキャップを授与 日本初女子ラグビーチーム「世田谷レディース」創設 全国教員大会初開催(18回大会まで行われる) [テ]オックスフォード・ケンブリッジ大学連合(1敗)　ウェールズ遠征(1敗)	天理高、第63回全国大会優勝(12年ぶり5回目、18－16大分舞鶴)、他校ラグビー部を集め〝春合宿〟開始 [訪]英・オックスフォード大　カナダ・エブタイドがオールドベアと対戦

59	1984	同志社大、大学選手権3連覇達成 [テ]仏代表(2敗)	天理大、全国大学選手権で初のベスト4 天理高、第64回全国大会出場(3回戦) 親里ラグビー場が完成、秩父宮妃殿下を迎えて使い初め(始球式のボールを投げ入れられる) [訪]仏代表が親里で調整
60	1985	新日鉄釜石、日本選手権7連覇達成 [テ]米代表(1敗)　アイルランド代表(2敗)　仏遠征(2敗)	天理教校附属高、第65回全国大会初出場で初勝利(3回戦) 天理大、静岡県ラグビー協会の招待受けリコーと対戦 [訪]豪州・ビクトリア州高校選抜が天理高と親善試合
61	1986	[テ]米・カナダ遠征、アメリカ(1分)、カナダ(1勝)　スコットランド・イングランド遠征(両国に2敗)	天理高、第66回全国大会出場(ベスト4) [訪]NZ・マナワツ州代表が親里で調整　カナダ「トワイライター(オーバー40)」がオールドベアと対戦
62	1987	第1回ラグビーW杯NZ・豪州大会に招待出場するも、米、イングランド、豪州に3敗(予選敗退)、NZ・オールブラックスが優勝 [テ]NZ・オールブラックス(2敗)　アイルランド学生代表(1敗)	天理高、第67回全国大会出場(3回戦)、韓国遠征で養正高、釜山東仁高、ソウル師範大付属高と試合 [訪]NZ・オールブラックス(2度目)が天理大を指導しハカを披露　NZ・カンタベリー大が親里で調整　日本代表が親里ラグビー場で合宿練習

昭和63	1988	日本選手権で早稲田大が優勝（以降、大学は優勝せず） 日本女子ラグビー連盟発足 第68回全国高校大会、第19回全国高専大会で、昭和天皇崩御のため決勝戦が中止、両校優勝 [テ]英・オックスフォード大（1敗）	NZ・シャーリーボーイズ高が天理高、教校附属高と試合　アイルランド学生代表が親里で調整　カナダ・エブタイドがオールドベアと対戦 天理高、第68回全国大会出場（ベスト8） [訪]英・オックスフォード大が親里で調整
平成1 64	1989	[テ]スコットランド代表戦、宿澤広朗日本代表監督のもと28－24で大金星　カナダ遠征（認定外試合、2敗）	天理高、第69回全国大会優勝（6年ぶり6回目、14－4啓光学園） 天理中、第9回関西中学生ラグビー大会で愛光中学と両校優勝 [訪]スコットランド・マーキストン高が天理高と親善試合 ●立川夫妻の四男として誕生（12月2日）
2	1990	[テ]フィジー代表（1敗）　米代表戦、U23代表が勝利するも、日本代表は敗戦	天理高、第70回全国大会準優勝（9－19熊谷工） 天理中、第10回関西中学生大会連覇（28－4松山南第二中） [訪]フィジー代表が日本選抜戦を前に親里で調整

3	1991	第2回W杯イングランド大会でジンバブエに快勝し、W杯初勝利 第1回女子W杯ウェールズ大会出場（2敗） 熊谷市営ラグビー場完成 ［テ］米・カナダ遠征（米に2敗、カナダに1敗）	天理高、第71回全国大会出場（2回戦） 天理中、第11回関西中学生大会3連覇（17－10菰野中） 天理大、関西Bリーグ降格
4	1992	ルール変更、トライが4点から5点に、ラインアウトの間隔は1メートルになる ラグビー人気で登録チームが4776チームと過去最多に 日本代表、第13回アジア大会優勝　第2回学生W杯に出場（1勝3敗で11位）	天理高、第72回全国大会出場（3回戦） 天理中、第12回関西中学生大会4連覇（18－0菰野中） 天理教校親里高校ラグビー部創設 天理大、関西Cリーグ降格
5	1993	第1回ジャパンセブンズ開催 第1回全国クラブ選手権大会開催 第1回W杯セブンズ開催（スコットランド大会）、日本代表はスコットランドに勝利 ［テ］アルゼンチン初遠征（2敗）　ウェールズ遠征（1敗）	天理高、第73回全国大会出場（2回戦） 天理大、関西Bリーグ昇格 ［訪］シンガポール・ラッフルズ中学が天理中などと親善試合 ●やまのべラグビー教室に通い始める（4歳）
6	1994	第14回アジア大会で優勝しW杯出場権獲得 第2回女子W杯スコットランド大会、スウェーデンに勝利 ［テ］フィジー代表（2勝）	天理高、第74回全国大会出場（2回戦）

平成7	1995	第3回W杯南アフリカ大会、NZに17－145で記録的大敗 第3回ジャパンセブンズが国際大会として開催（第11回大会まで） 神戸製鋼が日本選手権7連覇 [テ]トンガ代表（2敗）　ルーマニア代表（1勝）	[訪]カナダ・トワイライターがオールドベアと対戦
8	1996	日本協会、「タグラグビー」導入 IRBが日本を常任理事国として承認 第1回パシフィックリム・チャンピオンシップ（現・パシフィックネーションズカップ）開催 英・バーバリアンズが来日し、阪神・淡路大震災のチャリティマッチを行う	天理高、第76回全国大会出場（1回戦） 八ツ橋修身（93年天理高卒→天理大→神戸製鋼→教会本部）が米代表戦で初キャップ
9	1997	日本協会が日本女子ラグビー連盟を関連団体に承認 第2回W杯セブンズ香港大会出場 ルール変更、ハーフタイムは10分以内、シン・ビン制度（10分間の一時的退場）導入	
10	1998	アジア大会4連覇、W杯の出場権を得る アジア競技会にラグビー種目が初めて採用されるも韓国に敗れ銀メダル 第30回世界ジュニア選手権に日本初出場	天理高、教校附属高と共に親里高が初めて近畿大会出場 天理高、第78回全国大会出場（ベスト4）

11	1999	〔テ〕アルゼンチン代表(1勝) 第4回パシフィック・リム選手権で初優勝 韓国との定期戦始まる(第1回は選抜チーム同士) 第4回W杯ウェールズ大会出場(3敗で予選敗退) 〔テ〕スペイン代表(1勝)	天理高、第79回全国大会出場(ベスト8)、第2回高校セブンズ選手権大会初出場で優勝(40－10東海大仰星) ●長兄・教道が花園でトライ、理道「自分もこの舞台に」と憧れを抱く(小学4年)
12	2000	日本協会、「日本ラグビー改革プロジェクト」発足 スクラムとラインアウトはゴール前5メートル以内で組まないという国内特別ルールが国際ルールとして採用される IRBワールドセブンズシリーズ日本大会開催 第1回高校選抜大会開催 〔テ〕仏、アイルランド遠征、アイルランド(1敗)　女子日本代表がサモア、NZに遠征しサモア相手に金星	天理高、第80回全国大会出場(ベスト8) 鷲谷正直(95年天理高卒→日本大→トヨタ自動車)が韓国代表戦で初キャップ
13	2001	日本協会がプロ化容認 第3回W杯セブンズアルゼンチン大会出場 〔テ〕ウェールズ代表(2敗)	天理高、第81回全国大会出場(3回戦) 天理大、関西Aリーグ復帰

年	西暦	日本・世界	天理
平成14	2002	日本女子ラグビー連盟、日本協会に正式加盟 第4回女子W杯スペイン大会(16カ国中14位) [テ]ロシア代表(1勝) トンガ代表(1敗)	天理高、第82回全国大会出場(ベスト8) 天理ラグビークラブ(TRC)創設(会長＝中山善衞・三代真柱) 第1回「天理ラグビーカーニバル」(TRC主催) ●天理中ラグビー部入部(関口満雄監督)
15	2003	ジャパンラグビートップリーグ設立、初代王者は神戸製鋼 第5回W杯豪州大会出場(4敗で予選敗退) トップリーグのベスト8で争う第1回マイクロソフトカップ開催、NECが優勝 パシフィック・リム選手権に代わる第1回スーパーパワーズ選手権開催 [テ]豪州A代表(2敗) イングランド代表(2敗)	天理大、ラグビー寮開設
16	2004	第2回スーパーパワーズ選手権で優勝 [テ]伊代表(1敗) 欧州遠征、スコットランド、ルーマニア、ウェールズ代表(各1敗)	天理高、第84回全国大会準優勝(14－31啓光学園)、第5回全国選抜大会初出場で優勝(41－12深谷高)
17	2005	日本代表ヘッドコーチに初の外国人ジャン・ピエール・エリサルドが就任 第4回W杯セブンズ香港大会出場 [テ]南米遠征、ウルグアイ、アルゼンチン(2敗) アイルランド代表(2敗)	天理高、第85回全国大会出場(2回戦) ●天理高校ラグビー部入部(武田裕之監督)、1年生で全国大会出場

18	2006	スーパーパワーズ選手権に代わる第1回パシフィックネーションズカップ開催（4戦全敗） 第15回アジア競技大会の7人制で金メダル 太田治が日本代表ヘッドコーチ就任 [テ]グルジア代表（1勝）　伊代表（1敗）	天理高、第86回全国大会出場（2回戦） 天理中、近畿大会で石切中と両校優勝 [訪]カナダ・エブタイドがオールドベアと親善試合 ●全国大会出場（三見・直道がキャプテン）
19	2007	第6回W杯仏大会、カナダ戦で引き分け（1分3敗で予選敗退） ジョン・カーワンが日本代表ヘッドコーチ就任 第2回パシフィックネーションズカップでトンガ代表に勝利（1勝4敗）	天理高、第87回全国大会出場（ベスト8） ●キャプテンとして全国ベスト8へ導く
20	2008	日本代表、アジア5カ国対抗で全勝 第3回パシフィックネーションズカップでトンガ代表に勝利（1勝4敗） [テ]米代表（2勝）	天理大、白川地区に人工芝グラウンド完成 ●天理大学ラグビー部入部（小松節夫監督）
21	2009	2016年のブラジル・リオデジャネイロ五輪正式種目に7人制ラグビーの採用決定 第5回W杯セブンズUAE大会に男女で出場 NZ・オールブラックスと豪州・ワラビーズの定期戦（ブレディスローカップ）を国立競技場で開催、観客4万5千人 2019年のW杯開催国が日本に決定	第1回「天理ラグビーフェスティバル」（TRC主催） [訪]カナダ「プリスト・バレー・ビカーズ（オーバー40）」がオールドベアと親善試合 ●U20日本代表に選出され第2回U20世界選手権出場　関西リーグ第3戦の試合中に右膝靭帯負傷し1年間のリハビリ

		第4回パシフィックネーションズカップでトンガ代表に勝利（1勝3敗） 第2回U20世界選手権を日本開催 日本代表、カナダ代表と米代表（前年）に勝利しＩＲＢ世界ランキング13位に	
平成22	2010	全国中学生ラグビーフットボール大会初開催 日本協会、全都道府県会長や理事長が参集し"RUGBY：FOR ALL"の戦略計画を発表 第5回パシフィックネーションズカップでサモア、トンガの両代表に勝利（2勝1敗） ＩＲＢ世界ランキング12位に	天理大、関西Aリーグ完全優勝で35年ぶり頂点 天理中、近畿大会優勝（12－10小阪中） 訪 仏・シノン市高校選抜がオール天理と親善試合 ●関西リーグ制覇に貢献（三兄・直道がキャプテン）
23	2011	第7回W杯NZ大会、再びカナダ戦で引き分け（1分3敗で予選敗退） 第6回パシフィックネーションズカップでトンガ代表、フィジー代表に勝利し初優勝 テ 伊遠征（1敗）　米代表（1勝）	天理大、関西Aリーグ連覇　全国大学選手権で創部初の準優勝（12－15帝京大） ●日本代表のA代表に選出される　天理大の大学選手権準優勝にキャプテンとして貢献
24	2012	エディー・ジョーンズがヘッドコーチに就任 第7回パシフィックネーションズカップで全敗 元日本代表の坂田好弘が日本人初のＩＲＢ殿堂入り	天理大、新ラグビー寮へ移転し全部員が寮生活、関西Aリーグ3連覇 天理中、第3回全国中学生大会初出場で初優勝（47－5文の里中） オールドベア、カナダ・エブタイドの創立40周年

和暦	西暦	日本	天理
		[テ]欧州遠征、ルーマニア代表、グルジア代表に勝利	記念式典に出席し親善試合、トワイライターとも試合 ●大学卒業後、クボタスピアーズに入団（石倉俊二監督） アジア5カ国対抗のカザフスタン戦で代表初キャップ
25	2013	日本ラグビー協会、公益財団法人へ移行 第8回パシフィックネーションズカップでカナダ、米両代表に勝利（2勝2敗） 第6回W杯セブンズロシア大会に男女で出場 [テ]NZ代表（1敗） ウェールズ代表に金星（1勝1敗） 欧州遠征、ロシア、スペイン両代表（各1勝） スコットランド代表（1敗）	天理高、第93回全国大会に出場し、花園通算100勝を達成（ベスト8） 全国高校大会の花園ラグビー場移行50年を記念し、天理高OBと北見北斗高OBが再戦 天理中、第4回全国中学生大会連覇（荒天のため茗溪学園中と両校優勝） ●ウェールズ戦に先発出場、初勝利に貢献
26	2014	第9回パシフィックネーションズカップでカナダ、米両代表に勝利 [テ]サモア、伊代表（各1勝） 欧州遠征、ルーマニア代表（1勝）、グルジア代表（1敗） マオリ・オールブラックス（認定外試合、2敗） IRB世界ランキング9位に	天理中、第5回全国中学生大会出場（3位） 第8回「関西ラグビーまつり」で天理高OBと大分舞鶴高OBが再戦 [訪]NZ・クライストチャーチボーイズ高が天理高、教校学園高と親善試合、同行の保護者で構成されたシニアチーム「ゴールデンオールディーズ」とオールドベアも試合 ●スーパーラグビー（SR）・ブランビーズ（豪州）に入団も、公式戦出場の機会なくシーズン終了

平成27	2015	第10回パシフィックネーションズカップ4位　第8回W杯イングランド大会で南アフリカ代表(世界ランキング3位)に歴史的勝利、3勝1敗の好成績にもかかわらず予選敗退　帝京大学が大学選手権7連覇　[テ]ウルグアイ代表(2勝)　ジョージア(旧グルジア)代表(1勝)	天理高、第95回全国大会出場(ベスト8)　天理中、第6回全国中学生大会で2年ぶり優勝(17－14國學院久我山中)　第9回「関西ラグビーまつり」で天理中OBと愛光中OBが再戦　●W杯の南アフリカ戦後、英『タイムズ』の「週末のベスト15」に選ばれる
28	2016	SRに日本から「サンウルブズ」参入、マーク・ハメットがヘッドコーチ就任　日本代表のヘッドコーチにジェイミー・ジョセフが就任　リオデジャネイロ五輪で7人制初開催(日本男子4位、女子10位)　[テ]カナダ遠征(1勝)　スコットランド代表(2敗)	天理高、人工芝ラグビー場完成　井上大介(08年天理高卒→天理大→クボタ)とファウルア・マキシ(天理大)がアジアチャンピオンシップの韓国代表戦第1戦と第2戦で、それぞれ初キャップ　●サンウルブズのメンバーに選出　日本代表のカナダ遠征で初キャプテンを務める　クボタスピアーズのキャプテンに就任(前キャプテンは三児・直道)

参考文献

○『日比野弘の日本ラグビー全史』日比野弘編著（ベースボール・マガジン社、２０１１年）
○『天理ラグビー　50年のあゆみ』（天理ラグビー50周年記念実行委員会、１９７５年）
○『天理大学創設者　中山正善天理教二代真柱とスポーツ』森井博之著（三恵社、２００７年）
○『天理時報』（道友社）
○『ビジュアル年表　天理教の百三十年』（道友社、２０１６年）

村上晃一（むらかみ・こういち）

1965年（昭和40年）、京都市生まれ。10歳から京都ラグビースクールに通い始める。京都府立鴨沂《おうき》高校に進学し、スタンドオフ、センターでプレー。大阪体育大学ではフルバックとして活躍し、86年度西日本学生代表として東西対抗に出場。87年４月、ベースボール・マガジン社に入社、『ラグビーマガジン』編集部に勤務。90年６月から97年２月まで同誌編集長を務める。98年６月の退社後は、ラグビージャーナリストとして活動。『ラグビーマガジン』、『ナンバー』（文藝春秋）などに寄稿。98年から「J SPORTS」のラグビー解説も行い、99年大会から2015年大会にかけて５回のラグビーW杯で現地コメンテーターを務めた。著書に『ラグビー愛好日記トークライブ集』（ベースボール・マガジン社）、『仲間を信じて』（岩波書店）、『空飛ぶウイング』（洋泉社）などがある。

ハルのゆく道《みち》

2016年10月1日　初版第1刷発行

著　者　村上晃一

発行所　天理教道友社
〒632-8686　奈良県天理市三島町1番地1
電話　0743（62）5388
振替　00900-7-10367

TENRIKYO DOYUSHA

印刷所　大日本印刷㈱

ISBN978-4-8073-0603-9
定価はカバーに表示